国宝『立正安国論』

大本山正中山　法華経寺恪護　日蓮聖人ご真筆

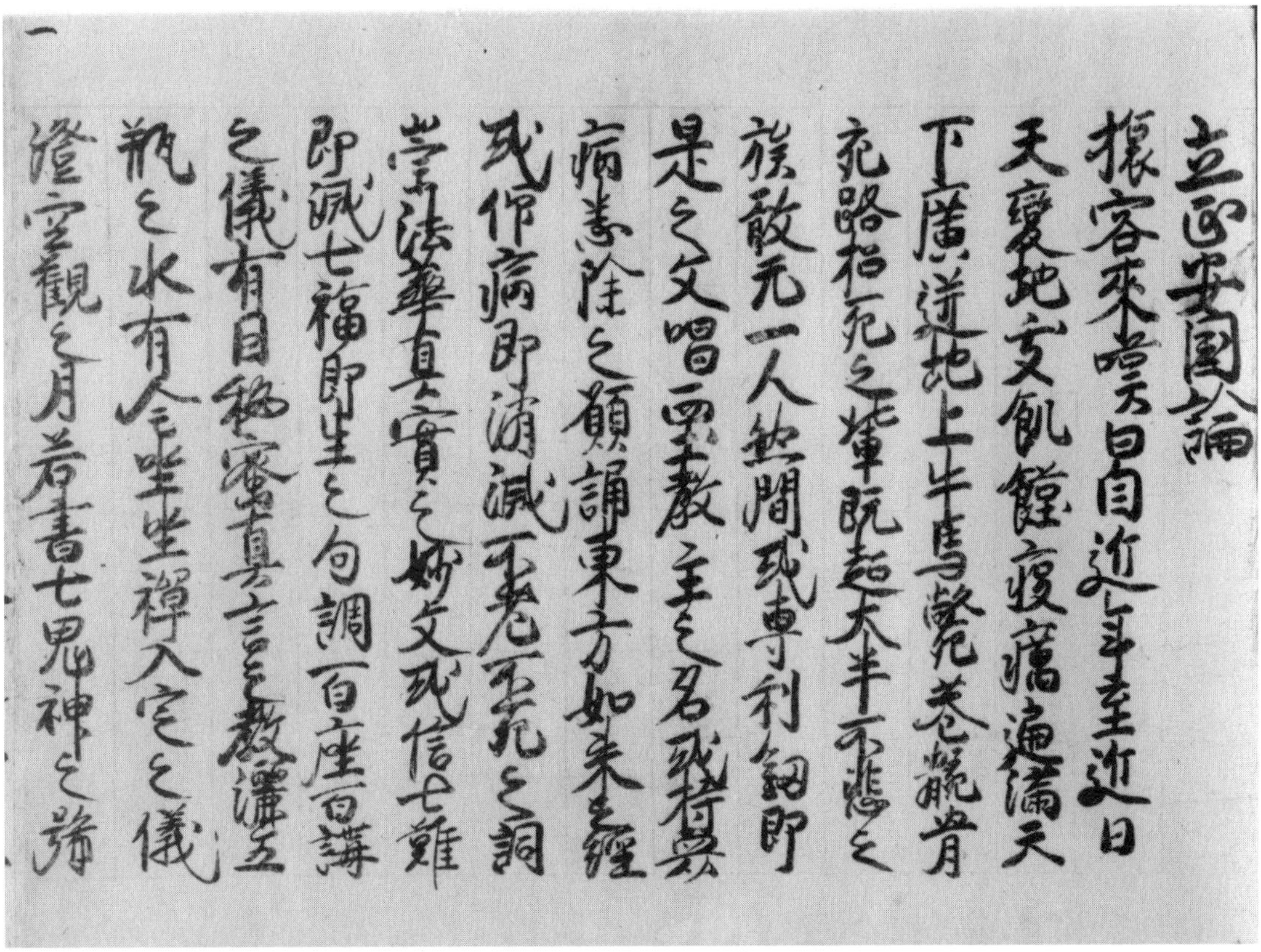

立正安国論
旅客来嘆曰自近年至近日
天変地夭飢饉疫癘遍満天
下広迸地上牛馬斃巷骸骨
充路招死之輩既超大半不悲之
族敢无一人然間或専利剣即
是之文唱西土教主之名或持衆
病悉除之願誦東方如来之経
或仰病即消滅不老不死之詞
崇法華真実之妙文或信七難
即滅七福即生之句調百座百講
之儀有因秘密真言之教灑五
瓶之水有全坐禅入定之儀
澄空観之月若書七鬼神之號

『立正安国論』冒頭

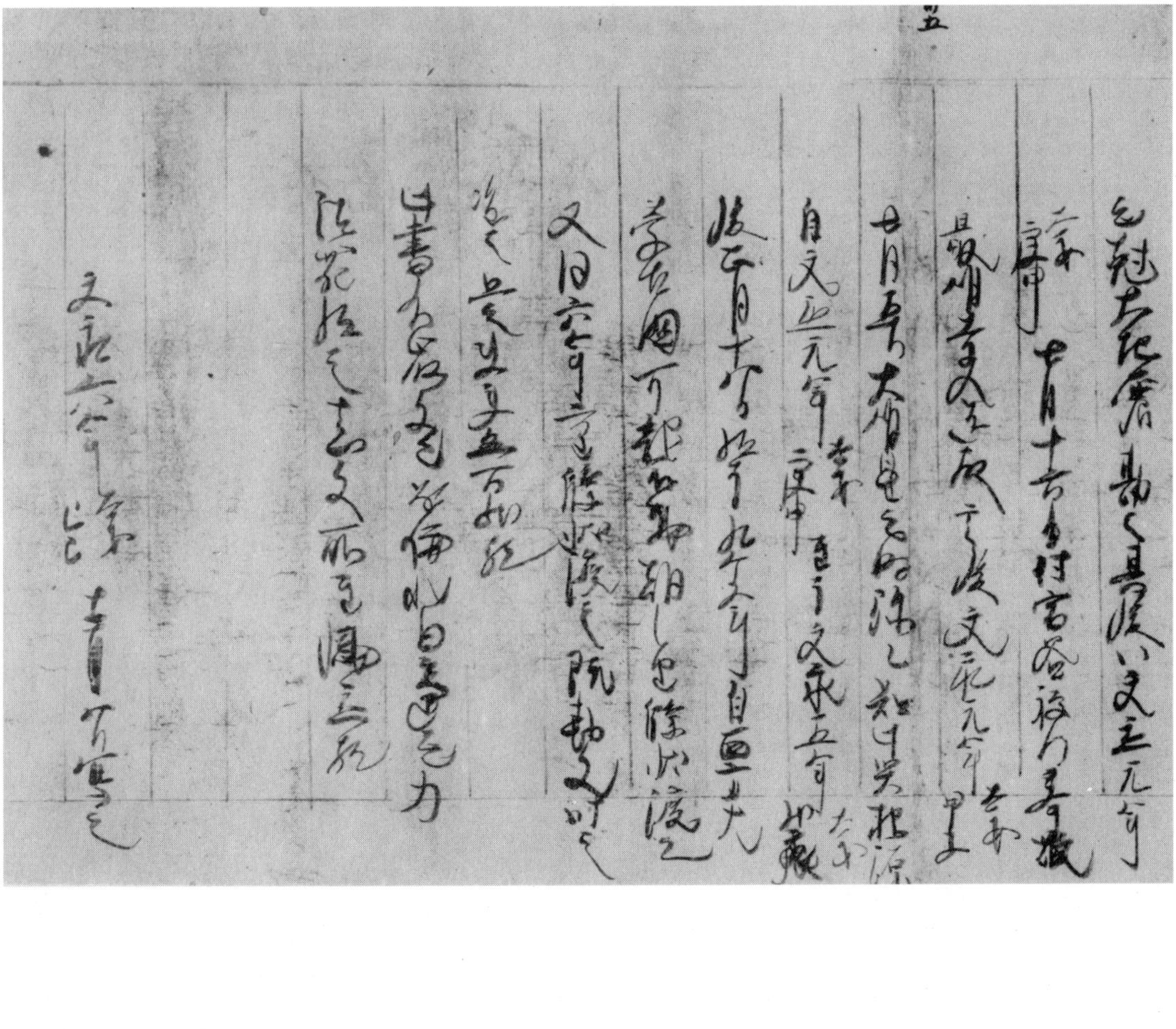

『立正安国論』奥書

国宝『立正安国論』(縮刷版)　日蓮宗新聞社刊より

立正安国論奏進七百五十年　記念出版

立正安国論ノート

渡邊宝陽
関戸堯海〔監修〕
京都日蓮宗青年会〔編〕

東方出版

巻　頭　言

昨　平成廿一年六月十日宗祖の『立正安国論』奏進七百五十年記念にあたり、日蓮宗管長大僧正　酒井日慈猊下を大導師に當山において宗門法要が厳修されました。その折當山初祖日常聖人以来伝統を誇る中山法華経寺聖教殿に格護されてきた宗祖御真跡　國宝『立正安国論』一巻を小衲が両腕で捧げ、恭しく御宝前に奉呈した感激は忘れられぬことになりました。中山の御聖教伝持、そして守灯沙門の思いと責任を一層強くいたしました。

扨、『立正安国論』は九問十答体で構成され第十は客の領解であります。そしてそれは四六駢儷体という特異な文体で格調が高く、華美な文体でもあります。當山の國宝『立正安国論』は七五一一字によって認められているが、就中宗祖の《クニ》という字の使い方には注意が必要ではなかろうか。《クニ》は「國」「国」「国」「囻」「⿴囗玄」「圀」「囶」の七通りの書方があり、宗祖は「國」を五回「国」を一回「国」を十回そして「囻」を実に五十六回使用され、そして表題の『立正安国論』は「国」であることである。

今度、京都日蓮宗青年会の諸師が再発願し『立正安国論』を熟読し、宗祖が願われた『立正安国論』の精神の理解とそれを現代社会に敷衍していきたいとの志しはに大いに喜ぶべきである。　合　掌

平成二十二年三月卅一日

日蓮宗大本山
中山守灯　日　湛

はじめに

平成二十一年は、日蓮聖人立正安国論奏進七百五十年の節目の年でありました。この度、京都日蓮宗青年会より『立正安国論ノート』を発刊させていただきました。

平成十四年の当会結成四十周年に発刊させていただいた『撰時抄ノート』に端を発し、平成十九年には『報恩抄ノート』を発刊させていただきました。そして今回の『立正安国論ノート』が『五大部ノート』の第三弾となります。『立正安国論』は数ある日蓮聖人の御遺文の中でも最も大事と言われる『三大部』の一つであります。

日蓮聖人がこの『立正安国論』を御執筆なさった当時は、天変地災・疫病の流行・国内政治の混乱・諸外国からの脅威といった危機が止むことなく続いている状況でありました。しかし、この事態は決して過去の話なのではなく、それから七百五十年の時を経た今日でも同じように眼前で起こっているように感じるのです。これらをただの自然現象や国政が原因ということで済ませてしまってよいのでしょうか。

様々な危機が眼前にある今、私たちはこの『立正安国論』を口に読み、心に感じ、身に実践することが肝要なのではないでしょうか。

この『立正安国論ノート』に触れていただいた皆様が、日蓮聖人の御心に触れていただけることを願うばかりでございます。

しかしながら、浅学非才な青年僧が制作いたしましたので、日蓮聖人の真意を誤解していないかと恐懼しております。また、我々の努力の足らざる点を見つけられた方は、ご容赦いただけますとともに、後学のため是非御指摘・御指導賜りますようお願い申し上げます。

京都日蓮宗青年会

会長　國本智真

目次

立正安国論ノート

凡例

一、本書は『立正安国論』習学用テキストを前提に、読み易さと書き込み易さを重点におき構成を行った。

一、原文は『昭和定本日蓮聖人遺文』（身延山久遠寺）を底本として書き下しを行い、『日蓮聖人御遺文講義』（日本仏書刊行会）『日蓮聖人全集』（春秋社）を参考にした。

・改行、句読点を適宜加えた。

・『法華経』などの経文、『法華玄義』など論疏の漢文は書き下した。

・「是」「之」「此」などの同音異字については底本に忠実なることを心がけた。

・読み易さを目的に、漢字は旧字体を新字体に適宜改めた。

一、本文上段の余白には、原文上、日蓮聖人が参考に挙げられた経文、注釈書などの出典を適宜記載した。

・『法華経』の出典については、三木随法編『平成訓読法華三部経』（東方出版）をもとに、品数、行数を記載した。㊀㊁㊂は『無量義経』。①②③～㉗㉘は『法華経』の各品を意味する。「－」の下の数字は行数を意味する。

例　⑦－10　化城喩品第七　十行目

一、本文中、重要と思われる語句については、数字を付し下段余白に解説を記載した。

一、本文中、重要と思われる経典や論釈、人物などについては、コラムに適宜取り上げ解説した。

『立正安国論』解題

渡邉宝陽

『立正安国論』解題

渡邉宝陽

京都日蓮宗青年会では、日蓮聖人の五大部を学ぶことを目標として、相次いで出版計画を実現してきた。

宗門に生きる僧として当然の作業とは言え、仲間が相寄って手作りの解説書を制作することによって、参加者それぞれが身に染みて日蓮聖人御遺文の奥義を体得する道に繋がることを思う。皆さんの御精進をねぎらいたい。

(一)『立正安国論』の奏進

『立正安国論』は、日蓮聖人が三十九歳の文応元年(一二六〇)七月十六日に鎌倉幕府の前執権《さきのしっけん》最明寺入道時頼に奏進されたものである。

佛教僧侶が、今は出家して入道となったとは言え、政治家に進言するということは妥当であろうかという批評を、今も継承する向きもある。実はそのような批評、乃至、論評は、佛教が社会的に生きる人間を真正面から見据える姿勢に対して反対する立場からのものと言わざるを得ないように思う。

聖徳太子の帰依以来、佛教は社会安寧を願うところから出発している。聖武天皇・光明皇后は東大寺にビルシャナ佛の大佛を造立する祈願を立てて、それを実現し、全国に国分寺・国分尼寺の造立を企て、東大寺を総国分寺とした。それによって鎮護国家を祈るためである。

平安時代になると、伝教大師最澄は比叡山を開き、弘法大師空海は京都に東寺を創始し、高野山を開いて、広い視座に立って佛教興隆による人びとの繁栄と安心立命を願ったが、同時に鎮護国家を祈った。僧は朝廷や幕府に歴史上の先例や故実を勘えて具申することが行われた。

これらに対して、浄土教は一個人の安心立命を阿弥陀仏に任せ、極楽往生を願うことを第一義とし、禅宗は己事究明を目標とする修行を弘めた。

このような歴史的推移を、歴史家は国家安寧の祈りから、個人の内観の祈りへの転換として意義づけたのが、戦後仏教史学の動向と言えようか。

こうした見方からすると、法然・親鸞・道元の三師に対して、日蓮の佛教は国家を祈るから古代の限界にとどまっている宗教であるという批評が行われたことを思い出した。

それから数十年。現下、日本の仏教界は「共生」（共生き）の主張に彩られている。むしろ、その主張にこそ根のある法華佛教が、あまりにも当たり前すぎてか、その「共生」の解釈を後追いしているかに見える。不思議な光景というべきであろうか。

〇

国家と宗教の関係は難しいものを内包している。政治は、現実生活についての争いをある程度のところで調整する機能を担うものであろうか。他方、宗教は、人間の精神的支持を求めていく機能であろう。政治は、肉体的存在としての人間の社会的共存を図り、宗教は、精神機能面での社会的共存を担っていると考えてよいであろうか。

そもそも単純な社会的共存を求めて来たであろう人間は、社会を形成する。それは社会構造の共有を伴うことを意味し、となればそこに権力が生まれる。富の分配、権力の分配をめぐって激しい競争が展開される。いくらそうした機構から逃れようと思っても、そこから逃れることは不可能である。

浄土教は、そうした社会事象への関与を排して、ひたすら弥陀の本願に身を委ね、極楽浄土への往生のみを願生することを基本とするものであろう。とは言え、現実には、法然上人が『選択本願念仏集』を出版するに至って排斥され、ついに墓をあばかれる事態を生んだ。親鸞聖人は、北陸に於いて権力と対峙し、京都に逃れて危急存亡の憂き目に遭ったが、いくばくかの経緯を経て、本願寺教団が政治的手段を講じたり、今日において隠然たる権力機構となっているという現実がある。

起点を確認する真宗教学と現実的存在としての真宗教団との矛盾。これはこの宗に限られることでは無い。組織という社会的存在としての肉体性を持てば、かならず起点の純粋信仰との間に乖離を生ずることから逃れる事はできない。

○

鎌倉新仏教のほぼ最後に位置づけられる日蓮聖人は、そのような現実からの逃走をめざしながら、教団として巨大な影響力を持ち、そのために言わば「死の思想」という社会思想を担っている浄土教を批判した。（ともあれ、浄土信仰は中国伝来の新たな流行の路線上に展開したのではないか？という疑念を、筆者は持ちつづけている。）また日蓮聖人は、鎌倉幕府に重用された中国から渡来した臨済宗僧の佛教理解を批判した。

○

日蓮聖人の起点は、端的に推論するならば「釈尊御領観」と言ってよいのではなかろうか。後にその思潮は龍華日像上人によって京都町衆への呼び掛けとなった。

現実の日本社会は、公家から武家に政権が移り、社会組織（政治機構・経済機構など）を形成していった。社会組織は、現実的なさまざまな闘争を収攬し、政治・経済・法制・学術などなどの諸方面の規則作りをしていかなければならない。個人は絶えず、そうした権力闘争のもとで苦渋を嘗めなければならない。殊に下層の民は既成権力に圧迫され、苦難を強いられる。そうして現実には、その巨大な権力機構はさらに巨大化して行き、精神的自立を唱えることもままならないという状況が継続したと言えようか。

日蓮聖人の『立正安国論』は、聖人の壮大な社会認識を基としていた。それは、今日のわれわれが到底、想像すらできない壮大なイメージであったと思うのである。

しかし、それに対して、その後の日本社会の安定化、それに伴う権力の巨大化によって、もはや日蓮聖人の壮大なイメージを想像することができなくなってしまっているのではなかろうか。そこに、今日に見られる『立正安国論』解釈をめぐる基本的視座のありようの問題があるのではないかと考えるものである。

日蓮聖人が提議した課題は、今日の社会構造に見られるような「権力の分配」や「富の分配の法則」などの示現のものではなかった。根源的に「われわれの進み、生くべき道」のありようを説くものであった。

○

『立正安国論』奏進をちいさな眼で見る人は、文章の荒々しさを言う。その感覚は、今日の時点からの感想を基準にしているのではないか。

時代と共に、感覚も変遷する。そのあたりをきちんと押さえておくべきであろうか。

〔A〕日展（第五部＝書道部会）の審査員の経験のある星弘道師は、現在、中山法華経寺に格護される（国宝）『立正安国論』補修の際に、間近に御真蹟を拝見して、「墨のやわらかさ」「料紙の素晴らしさ」に息を呑む思いであったという。筆も紙も、一級の中国から輸入したものであったというのが、中尾堯立正大学名誉教授（前日本古文書学会会長）の解説である。

つまり、「奏進」にあたって、最高の儀礼を尽くしたことが窺えるという指摘である。

後世に作成された「早勝問答」などのイメージによって、『立正安国論』奏進が軽々しい感じで解説されてきたのは誤りではないかと思う。

実に鄭重な姿勢をもって、『立正安国論』の奏進が行われたことを、再度、確認すべきである。

〔B〕大蔵経を披見することは、なかなか出来なかったという当時の状況に思いを致す必要がある。かなりの有力者を通じて、大蔵経を披見し、あらためて日蓮聖人の佛教理解の正当性を確かめるという作業が行われたことを思うべきであろう。

現状の危機からの脱却を求めるために大蔵経を閲覧した日蓮聖人は、『立正安国論』に四つの経典を佛教究明の経証として挙げているが、それらはいずれも宮中で重要視されてきたものである。

①『金光明経』四天王護国品
②『大集経』　法滅尽品
③『仁王経』　護国品
④『仁王経』　受持品
⑤『薬師経』

⑥『仁王経』　受持品

⑦『大集経』　護法品

これらの四つの経典が、日本佛教でどのように重んじられたかについて、『岩波仏教辞典』等の記述を一瞥してみよう。

〔一〕『金光明経』　護国経典として名高い。奈良時代以来、正月に宮中の御齋会《ごさいえ》で昼は義浄訳の『金光明最勝王経』が読誦、講説された。諸国の国分寺でも　同様の儀式が行われた。夜は同じ経典の「大吉祥天女増長財物品」にもとづいて、吉祥悔過が行われた。全篇の核を為す「如来寿量品」のほか、国王の義務を説く「王法正論品」等が収められている。

〔二〕『大集経』　菩薩のために無礙の教えを説くことを標榜し、正法の守護を宣揚するが、全体として密教的色彩が濃厚である。

〔三〕『仁王経』　『仁王護国般若波羅蜜（多）経』の略称。また『仁王般若経』とも言う。波斯匿王など十六大国王を主な聴衆として佛果・十地の行を守る因縁、護国の因縁が説かれている。鳩摩羅什訳では仏教界への国家の不干渉が強調されている。中国・朝鮮・日本を通じて、護国経として重要視され、仁王会などの国家佛事に重用された。

〔四〕『薬師経』　玄奘訳『薬師瑠璃光如来本願功徳経』一巻を指す。なお、漢訳には四本がある。①帛尸梨密多羅訳『灌頂抜除過罪生死得脱経』一巻。②達磨笈多訳『薬師如来本願経』一巻。③（前記の）玄奘訳。④義浄訳『薬師瑠璃光七佛本願経』二巻。

薬師如来は、遙かなる東方の瑠璃光世界の佛で、まだ菩薩であったとき、十二の大願によって衆生済度をしたところから、治病や施薬などの現世利益の信仰を集めた。法隆寺創建にあたって薬師如来が本尊とされ、天武天皇は皇后の病気平癒を祈願して六八〇年（天武九年）、薬師寺の建立を発願した。宮中でも御修法の際に、『薬師経』が不断経の読誦をされたことが記録されている。

〇

日蓮聖人は、『立正安国論』撰述にあたって、大蔵経を閲覧したと言われるが、そうしたなかで宮中等で読誦され、人びとに親しいこれらの経文を典拠に挙げるという配慮に基づいて、『立正安国論』を執筆されたものと拝することが出来よう。

因みに、果たして膨大な大蔵経を閲読する事が出来るだろうか？　と考えるのは、今では漢訳経典に疎くなった現代人の感覚からの疑問である。最近でも、故山中喜八氏（立正安国会理事）は日蓮聖人撰『注法華経』引用の経・論・釈を大蔵経で確認するために、『大正新脩大蔵経』壱百巻を、まず五十回読んだとのことである。生涯において、合計壱百回以上、閲読したと言われる。

まして宗祖日蓮聖人が、『大蔵経』を閲読なさった光景を、われわれはつぶさに思い描くことが出来よう。

（二）　日蓮聖人五大部（五つの代表的著作）のなかの『立正安国論』の意義

現在では、御遺文を拝読するには、まずなんと言っても『昭和定本日蓮聖人遺文』に拠らなければならない。御遺文だからなんでも同じだろうと思ったら大間違いであり、ましてあまりにも片寄った解釈を展開している解説書などを基本文献としたら、一代の大失態につながる恐れがある。まずは、きちんとした御遺文に拠って拝読し、正統な解説書を基本にしなければならない。

御遺文編纂には歴史がある。日蓮聖人が非滅の滅をお示しになられた後、まず最初に門下によって編纂されたのは、周知の通り『録内御書』である。(伝説では第一周忌の際に御書を持ち寄って作成した「御書目録」のなかに収められたものとされるが、今日では幾ばくかの時節を経過した間に、『録内御書』が編纂されたとするのが常識である)。

その『録内御書』の冒頭に『立正安国論』が配置され、以下、『開目抄』『観心本尊抄』『撰時抄』『報恩抄』の五大部が収載されていることは言うまでもない。

つまり、五大部が御遺文の基本とされ、その最初に『立正安国論』が位置づけられるという構成は、御遺文が『録内御書』の編集から出発して以来、ながらく継承されてきたのである。江戸の末期になって、小川泰堂居士が御遺文研究に専心し、その頃までに御遺文の系年研究に基づいて、執筆年代順による『高祖遺文録』を編集した上、出版した功績は偉大である。この年代順編集を継承して、明治三十七年に活字印刷によって『霊艮閣版　日蓮聖人御遺文』が発行され（明治三十五年の立教開宗六百五十年の出版を期したが、二年遅れて完成）、その五十年後、その間に展開された『日蓮大聖人御真蹟』（立正安国会の刊行が著名であるが、それ以外にも何点かの試みが見られる）の出版と、それに伴う研究成果等に基づき、立教開宗七百年を期して、昭和二十七年から昭和三十四年まで順次、『昭和定本日蓮聖人遺文』全四巻が刊行された。

こうして、年代順御遺文による自由な角度からの研究が盛んとなり、殊に日本史研究の角度からの研究が盛んとなって、『立正安国論』も御遺文中の一遺文として取り扱われるようになった側面があろうか。

確かに『立正安国論』以前に『守護国家論』があって、既に浄土教批判を展開しており、しかも同書は七段から構成され、緻密な論議を展開している。ちなみに、それ以後の遺文には、このような精緻な構成による論述は見られない。さらに『災難興起由来』『災難対治抄』が、『立正安国論』執筆の試論として遺されている。

『守護国家論』　　正元元年（一二五九）
『災難興起由来』　正元二年（一二六〇）二月
『災難対治抄』　　正元二年（一二六〇）二月
『立正安国論』　　文応元年（一二六〇）七月

ともあれ、こうした幾段階の準備を経て、『立正安国論』が執筆され、鎌倉幕府に奏進されたことは、日蓮聖人の宗教展開の上で、大きな軌跡として認識されなければならないところである。そして、この奏進を契機として、奏進の翌月、八月二十七日に松葉ヶ谷の草庵が焼き討ちされるという大難（「松葉ヶ谷法難」）を引き起こし、次いで翌年、弘長元年五月には伊豆伊東へ流謫され（「伊豆法難」）、さらに伊豆流罪から赦されて故郷安房に戻った日蓮聖人は松原の大路で夕刻、地頭の東条景信によって急襲され、日蓮聖人御自身、眉間に傷を負い、弟子一人が斬殺されるという「小松原法難」に遭い、そして遂に文永八年（一二七一）九月十二日夕刻に松葉ヶ谷の草庵から拉致され、深夜、龍ノ口刑場でひそかに処刑される危機に遭遇したのであった。以上の四回にわたっての法難を四大法難と言うが、これらは『立正安国論』奏進を契機としたものであることを再確認しておく必要がある。

その後、佐渡島に流刑された日蓮聖人は、流島の翌年、文永九年二月、雪に閉ざされた粗末なお堂で、遺言の書として『開目抄』を撰述。さらにその翌年、文永十年（一二七三）四月二十五日、地頭本間六郎左衛門によって、いささか鄭重な待遇を受ける中で、『如来滅後五五百歳始観心本尊抄』（略して『観心本尊抄』）を著し、仏滅後二千二百二十余年の日本における末法の現実に処して『法華経』の示す救いの世界を顕かにされた。すなわち、末法萬年の『法華経』の救いを「本門の本尊」「本門の戒壇」「本門の題目」の意義として明らかにされたのである。こうした経緯を確かめるならば、この二書が『立正安国論』奏進の意義を継承していることが、おぼろげながら体感できよう。

その後、佐渡流島から赦されて、一旦、鎌倉に戻ったものの、日蓮聖人は一箇月の後、甲州の南部郷・身延山に隠れられた。あたかも最初の蒙古来寇「文永の役」の文永十一年のこと。佐渡から一旦、鎌倉に戻った日蓮聖人は、四月八日に鎌倉幕府の要人から、蒙古来寇の恐れについて質問を受け、「蒙古来寇」の近い旨を答えられた。果たして、同年の秋、十月五日に蒙古・高麗の連合軍、合わせて二万五千が対馬・壱岐を侵し、さらに博多付近に上陸したが、大風を受けて連合軍は引き上げた。その翌年、建治元年、蒙古は使者を鎌倉に送ったところ、幕府は蒙古の使者を龍口で斬り捨てた。

『撰時抄』が撰述されたのは、最初の蒙古来寇（文永の役）の翌年、建治元年のことで、建国以来、初めて外国の攻撃を受けた衝撃に、鎌倉幕府はもとより、鎌倉市中の人々が大騒ぎになった。その勢いに、日蓮聖人に帰依していた人々も大きな動揺を受けた。それに対して日蓮聖人は、「蒙古来寇は、既に私が警告してきたことが現実化したもので、世評に動揺してはならない！」という戒めを厳しく諭した。『撰時抄』冒頭の句、「夫れ佛法を学せん法は、必づ先ず時をならうべし」（『昭和定本日蓮聖人遺文』一〇〇三頁）は大書されていて、『撰時抄』が喚起しているポイントを明確に指摘している。

此の句は、『開目抄』の末文、「佛法は時によるべし。日蓮が流罪は小苦なれば、なげかしからず。後生には、大楽をうくべければ大いに悦ばし。」（『昭和定本日蓮聖人遺文』六〇九頁）に連続するものであることに注目するならば、『開目抄』から『撰時抄』に連結する日蓮聖人の御意図が推察されようし、その淵源が『立正安国論』にあることに思いを致すことができるはずである。

さらにその翌年、建治二年（一二七六）三月に青少年期の恩師、道善房が清澄寺で死去したが、身延に隠栖された日蓮聖人は安房國の清澄寺に出向いて弔意を表すことができない事情にあった。ついに七月二十一日に『報恩抄』を述作し、弟子の日向に託して、山上から二度にわたって大声で同書を朗誦し、その後、道善房の墓所で一度、朗誦せよと命じた。同書の終わりに近く、われわれ日蓮門下ならば、必ず愛誦し、特に日蓮聖人報恩会（御会式）で朗誦する名句が誌されている。

日蓮が慈悲曠大ならば、南無妙法蓮華経は萬年の外　未来までもながるべし。

日本国の一切衆生の盲目をひらける功徳あり。無間地獄の道をふさぎぬ。

此の功徳は伝教・天台にも超へ、龍樹・迦葉にもすぐれたり。

極楽百年の修行は穢土一日の功徳に及ばず。

正像二千年の弘通は末法の一時に劣るか。

是はひとへに日蓮が智のかしこきにはあらず。時のしからしむる耳。

（『昭和定本日蓮聖人遺文』一二四九頁）

この「正像二千年の弘通は、末法の一時に劣るか」という一句の背後に、『法華経』の未来記の実現が蒙古来寇という大事件を通してなまなましく受け取られているという厳然たる事実がある。われわれは、この句に内包される深い意義に思いを致すことなく、いわば平坦にこの句を目に映じてしまうという愚を繰り返しがちであるが、如上の背景をしっかりと認識してその深意を思うとき、この句が『立正安国論』↓『開目抄』↓『観心本尊抄』↓『撰時抄』↓そして『報恩抄』へと、連綿として展開していることに畏怖の念を禁じ得ないのである。

要するに《五大部》は、『立正安国論』を起点として展開していること、社会的危機を認識して、その地平から『法華経』の未来記という仏陀の真実を受領することの深意を知るのである。

(三)　『立正安国論』の真蹟と古写本

日蓮聖人は、文永元年(一二六〇)七月十六日に鎌倉幕府の前執権《さきのしっけん》北條時頼、今は名を改めて、最明寺入道時頼に『立正安国論』を奏進したが、その後、数次にわたって『立正安国論』を自ら筆写しておられ、現在、三本の真蹟の所在が確認される。

【A】今に伝わる日蓮聖人の御真蹟

〔1〕身延山久遠寺に曾て所在していた真蹟。
真蹟そのものは明治八年の火災によって焼失したが、久遠寺二十二世の寂照院日乾上人が現行本と対照した「日乾目録」の「七箱之内第一」に、「一、立正安国論。最初御送状　一紙　御文に曰く、雖未入見参○故西明寺入道殿進覧之　已上十行半。御正文二十紙　題号と合シテ四百一行、奥云　文応元年太歳庚申勘文」の記録が確認できる。

なお、日乾上人が真蹟と照合した本が、京都本満寺に所蔵されている。

〔2〕中山法華経寺に格護されている国宝『立正安国論』
『昭和定本日蓮聖人遺文』二〇九頁は、この真蹟に拠る。三十六紙のうち、第二十四紙を除いてほぼ完全に伝えられている。(ちなみに第二十四紙は、功徳院日通上人が中山法華経寺の真蹟

を臨写したもの)。

さらに本文に引き続いて、「安国論奥書」(『昭和定本遺文』四四三頁)が書き継がれ、「文永六年太歳己巳十二月八日写之」と誌されている。

〔3〕京都本圀寺所蔵『立正安国論(広本)』

『昭和定本日蓮聖人遺文』一四五五頁は本書に基づく。二十四紙完。無紀年。『昭和定本』は、この書の成立を建治・弘安の交(頃)とし、『日蓮大聖人真蹟対照録』(立正安国会)は系年を弘安元年(一二七八)に位置づける。

〔4〕このほかに、真蹟断片=十四紙が十箇所に散在している。

①京都妙覚寺に　〔一行断片〕が〔三紙〕。〔三行断片が一紙〕。
②新潟本成寺に　〔一行断片〕が〔一紙〕
③千葉妙興寺に　〔四行断片〕が〔一紙〕
④京都本圀寺に　〔一行断片〕が〔二紙〕
⑤長崎本経寺に　〔一行断片〕が〔一紙〕
⑥愛知聖雲寺に　〔一行断片〕が〔一紙〕
⑦京都本満寺に　〔五行断片〕が〔一紙〕
⑧福井平等会寺に　〔一行断片〕が〔一紙〕
⑨某氏所蔵　〔一行断片〕が〔一紙〕
⑩千葉善勝寺に　〔二行断片〕が〔一紙〕

【B】古写本　日蓮聖人の直弟子による写本が左記のように所蔵されている

①白蓮阿闍梨日興上人 の筆写本　伊豆玉沢　妙法華寺に所蔵
②佐渡阿闍梨日向上人の筆者本　身延山久遠寺に所蔵
③帥阿闍梨日高上人の筆写本　中山法華経寺に所蔵
④和泉阿闍梨日法上人の筆写本　静岡　岡宮光長寺に所蔵
⑤三位房日進の筆写本　鎌倉　妙本寺に所蔵

（以上、『日蓮宗事典』参照）

以上によって、日蓮聖人御自身が『立正安国論』を繰り返し筆写していることがわかり、また『安国論副状』（『昭和定本』四二一頁＝文永五年）・『安国論御勘由来』（『昭和定本』四二一頁＝文永五年四月五日）・『立正安国論奥書』（『昭和定本』四四二頁＝文永六年十二月八日）等によって、『立正安国論』の予言が具体化していくことによって、『立正安国論』の意義づけが変化し、深まっていく様子を知ることができよう。

また日蓮聖人の直弟子たちがそれぞれ『立正安国論』を筆写している様子を知り、『立正安国論』が一編の著作にとどまるものではなく、日蓮聖人を頂点とする一門の教団にとって、『法華経』の未来記を共有し、深めていく中心を占める予言の書として高められて行った様相を知ることができよう。

（四）『立正安国論』の構成

『立正安国論』は、〔九問答〕と〔一答〕によって構成されている。

〔第一問答〕「災難がなぜ起きているのか」についての問答である。

旅の客が、僧房を訪ねて、その僧に「災害の原因」について問い尋ねるのである。まず、前述したようなさまざまな天災地変を簡潔に描写して、そのようなことが何故起きるかという疑問を僧にぶつけるのである。

ちなみに、『日本災害史年表』（雄山閣）を一瞥すると、火山列島と呼ばれ、周囲を海に囲まれている日本であるから、小さな災害は頻繁に起きていることがわかる。しかし、『立正安国論』で指摘している天災地変は、日本災害史上でも格別の災害の時期であるようである。

それに対して、僧は、「災害が興起する原因」について答える。

まず、旅の客の嘆きと疑問に同意し、その原因を結論すると、

「世が皆、正法に背き、人がことごとく悪に帰依して居るために、
善神は国を捨てて去ってしまい、聖人もまた世を去ってしまう」

ということに原因があると論断するのである。

これを受けて、以下のように問答が進められ、客がその主旨を理解するという構成として論が展開するのである。

〔第二問答〕「災難がこのような原因で起きる」ということの経典の証拠を挙げる。

〔1〕災難の経証についての質問

〔2〕災難の経証を挙げる

前掲の四経典によって、天災地変の原因を掲げる。

〔第三問答〕謗法の相状についての問答
〔1〕謗法の証拠についての質問
〔2〕謗法の実状を、経典と照合しつつ確認する
〔第四問答〕謗法の人は誰か？ 謗法とは何を指すのか？
〔1〕謗法の人とは誰か？ その法とはなにか？
〔2〕法然上人の『選択本願念仏集』を指摘する
〔第五問答〕災難の実例についての問答
〔1〕法然上人の謗法を疑う
〔2〕災難が法然上人の念仏によることを問う
〔第六問答〕（佛家に棟梁がいるのだから）上奏することは妥当ではないのではないか？
〔1〕上奏は妥当ではないとする見解について
〔2〕上奏は妥当である
〔第七問答〕災難を対治することの必然性について
〔1〕災難を対治することの是非をめぐって
〔2〕災難の根源となっている仏法批判の妥当性を経証を挙げて示す
〔第八問答〕謗法を禁断する
〔1〕謗法禁断の方法についての疑問
〔2〕謗法禁断は命を絶つ手法ではなく、その施を止めることによる
〔第九問答〕客の謗法禁断の主旨理解を受けて、その対治を勧める

〔1〕　客が謗法禁断の主旨を理解する
〔2〕　客に対治を勧める
〔3〕　対治を勧める理由
〔4〕　正法への帰依を勧める
〔第十回目の応答〕客が、謗法対治の主旨を理解し、納得する

以上、簡略に全体の主旨を展望してみた。

読者は、このおおよその見取り図を念頭に置いて、順次、論の内容について詳しく確かめて頂きたい。

立正安国論ノート

略称般舟讃

薬師経

㉓-50

仁王般若経

立正安国論

旅客《りょきゃく》来《きた》りて嘆《なげ》いて曰《いわ》く、近年《きんねん》より近日《きんじつ》に至《いた》るまで、天変《てんぺん》・地夭《ちよう》[1]・飢饉《ききん》・疫癘《えきれい》、遍《あまね》く天下《てんか》に満《み》ち、広《ひろ》く地上《ちじょう》に迸《はびこ》る。牛馬《ぎゅうば》巷《ちまた》に斃《たお》れ、骸骨《がいこつ》路《みち》に充《み》てり。死《し》を招《まね》くの輩《ともがら》、既《すで》に大半《たいはん》に超《こ》え、之《これ》を悲《かな》しまざるの族《やから》、敢《あ》えて一人も无《な》し。

然《しか》る間《あいだ》、或《あるい》は『利剱即是《りけんそくぜ》[2]』の文《もん》を専《もっぱ》らにして西土《さいど》教主《きょうしゅ》の名《な》を唱《とな》え、或《あるい》は『衆病悉除《しゅびょうしつじょ》[3]』の願《がん》を恃《たの》みて東方如来《とうほうにょらい》の経《きょう》を誦《じゅ》し、或《あるい》は『病即消滅《びょうそくしょうめつ》、不老不死《ふろうふし》[4]』の詞《ことば》を仰《あお》ぎて『法華真実《ほっけしんじつ》』の妙文《みょうもん》を崇《あが》め、或《あるい》は『七難《しちなん》即滅《そくめつ》、七福即生《しちふくそくしょう》[5]』の句《く》を信《しん》じて、百座《ざ》百講《こう》の儀《ぎ》[6]を調《ととの》え、有《あるい》は秘蜜真言《ひみつしんごん》の教《きょう》に因《より》て五瓶《ごびょう》[7]の水《みず》を灑《そそ》ぎ、有《あるい》は坐禅入定《ざぜんにゅうじょう》の儀《ぎ》を全《まっと》うして空観《くうかん》の月《つき》[8]を澄《す》まし、若《もし》くは

第一問　国難の原因を問う

第一章　災難の有様を挙げる

1　**天変・地夭**　天変とは天空の異変による風雨・日月蝕・旱魃などの変災をいい、地夭とは地震・水害などの地上の変災をいう。

第二章　対治の手段を列ねる

2　**利剱即是**　善導の『般舟讃』の文。煩悩と業と苦とを滅ぼす利剣は念仏の名号であると説く。利剣とは知恵や仏の救いの力と譬える。

3　**衆病悉除**　一切衆生の病を悉く除き、心身を安楽にして無上菩提を得させようとする願。

4　**病即消滅、不老不死**　『法華経』を信受すれば、煩悩の病を癒し、久遠の生命を得ることが出来る、という『法華経』の功徳利益を説いた薬王品の一節。

5　**七難即滅、七福即生**　『仁王般若経』を信ずれば七難がたちまち消滅して、七福がたちまち生ずるであろうという意。

6　**百座百講の儀**　百人の法師が百ヶ所の法座を設けて『仁王般若経』を講じ、国難を免れようとする儀式。

七鬼神《きじん》[9]の号《ごう》を書《しょ》して千門《せんもん》に押《お》し、若《もし》くは五大力《ごだいりき》[10]の形《かたち》を図《ず》して万戸《ばんこ》に懸《か》け、若《もし》くは天神地祇《てんじんちぎ》[11]を拝《はい》して、四角《かく》四堺《かい》の祭祀《さいし》[12]を企《くわだ》て、若《もし》くは万民百姓《ばんみんひゃくしょう》を哀《あわれ》みて国主国宰《こくしゅこくさい》の徳政《とくせい》を行《おこな》う。

然《しか》りと雖《いえど》も、唯肝膽《ただかんたん》を摧《くだ》くのみにして、弥《いよい》よ飢疫《きえき》に逼《せま》り、乞客目《こっかくめ》に溢《あふ》れ、死人眼《しにんまなこ》に満《み》てり。屍《かばね》を臥《ふ》して観《みもの》と為《な》し、尸《しかばね》を並《なら》べて橋《はし》と作《な》す。

観《おもんみ》れば夫《そ》れ、二離《にり》璧《たま》を合《あわ》せ五緯《ごい》珠《たま》を連《つら》ぬ。[13]三宝《さんぽう》世《よ》に在《いま》し、百王《ひゃくおう》[14]未《いま》だ窮《きわま》らざるに、此《こ》の世早《よはや》く衰《おとろ》え、其《そ》の法《ほう》何《なん》ぞ廃《すた》れたるや。是《こ》れ何《いか》なる禍《わざわい》に依《よ》り、是《こ》れ何《いか》なる誤《あやま》りに由《よ》るや。

主人曰《しゅじんいわ》く、独《ひと》り此《こ》の事を愁《うれ》えて胸臆《くおく》[15]に憤悱《ふんぴ》[16]す。客来《きゃくきた》りて共《とも》に嘆《なげ》く。屢《しばし》ば談話《だんわ》を致《いた》さん。

7　**五瓶の水**　真言密教における災いをとめようとする祈祷の作法。祭壇を設けて五つの瓶を置き、それぞれに五宝（金・銀・瑠璃・真珠・水晶）・五穀（米・麦・小麦・大豆・胡麻）・五薬（人参など）・五香（沈香・白檀・丁子など）を満たし浄水を灑ぎ、宝花を指して修法を行う。

第三章　対治の験し無きを嘆く

8　**空観の月**　座禅を行い一切を空と観じる観法。空とは、固定的な実体の無いこと・実体性を欠いていること・うつろということ。無とは違い存在自体がないことではない。ここでは起こっている災難自体が空だと観じて苦しみから逃れようとしていることを指す。

第四章　国難の原因を問う

9　**七鬼神**　人の精気を喰らう七つの鬼神。夢多難鬼、阿伽尼鬼、尼迦尸鬼、阿伽那鬼、波羅尼鬼、阿毘羅鬼、婆提利鬼のこと。

10　**五大力**　出典は羅什訳『仁王般若経』受持品第七。五大力菩薩とは、三宝を受持（護持）する国王を守護する金剛吼・龍王吼・無畏十力吼・雷電吼・無量力吼の五菩薩。『仁王経』自体は護国三部経（他は『法華経』・『金光明経』）の一つ。

第一答　国難の原因を答える

第一章　客の悲嘆に和する

夫《そ》れ出家《しゅっけ》して道《みち》に入《い》るは、法《ほう》に依《よ》りて佛《ほとけ》を期《ご》する也《なり》。而《しか》るに今《いま》、神術《しんじゅつ》[17]も協《かな》わず、佛威《ぶつい》も験《しる》し無《な》し。具《つぶさ》に当世《とうせい》の体《てい》を観《み》るに、愚《おろか》にして後生《ごしょう》[18]の疑《うたが》いを発《おこ》す。然《しか》れば則《すなわ》ち、円覆《えんぷ》[19]を仰《あお》ぎて恨《うら》みを呑《の》み、方載《ほうさい》に俯《ふ》して[20]慮《おもんばか》りを深《ふか》くす。

倩《つらつ》ら微管《びかん》を傾《かたむ》け、聊《いささ》か経文《きょうもん》を披《ひら》きたるに、世皆正《よみなしょう》に背《そむ》き、人悉《ことごと》く悪《あく》に帰《き》す。故《ゆえ》に善神《ぜんじん》は国《くに》を捨《す》て相去《あいさ》り、聖人《せいじん》は所《ところ》を辞《じ》して還《かえ》らず。是《ここ》を以《もっ》て、魔来《まきた》り鬼来《ききた》り、災《わざわ》い起《おこ》り難起《なんおこ》る。言《い》わずんばある可《べ》からず。恐《おそ》れずんばある可《べ》からず。

客《きゃく》の曰《いわ》く、天下《てんか》の災《わざわい》、国中《こくじゅう》の難《なん》、余独《われひと》り嘆《なげ》くに非《あら》ず、衆皆悲《しゅみなかな》しめり。今《いま》、蘭室《らんしつ》[21]に入《い》りて、初《はじ》めて芳詞《ほうし》[22]を承《うけたまわ》るに、神聖《しんせい》[23]去《さ》り辞《じ》し、災難並《さいなんなら》び起《おこ》るとは、何《いず》れの経《きょう》に出《い》

第二章　客の疑問に和する

11 **地祇**　土地を司る神の総称。

12 **四角四堺の祭祀**　京城（都や城、国の中心を指す）の四方（艮《うしとら》・巽《たつみ》・坤《ひつじさる》・乾《いぬい》、もしくは東西南北）で疫神を祓う神道の儀式。

13 **二離璧を合わせ五緯珠を連ぬ**　二離とは日月のこと。五緯とは木星・火星・金星・水星・土星のこと。天の運行が上手くいっていること。

14 **百王**　百代の王をさす。日蓮聖人は、八十三代以後の残る十八代は関東の武家政権に移ったとされている。

第三章　国難の原因を答える

15 **胸臆**　胸、心の中。

16 **憤悱**　思い苦しむ。

17 **神術**　人間わざを超えた霊妙な術。神への祈り。

18 **後生**　未来の成仏。

19 **円覆**　天。

20 **方載に俯して**　地に伏して。

第二問　国難の経証を求める

21 **蘭室**　高徳の聖者や善人の住まい。

22 **芳詞**　相手の言葉や考え、主張を敬って言う言葉。

23 **神聖**　善神と聖人。正法を信じ国を救おうとする聖人と、国と聖人を護る善神。

でたるや。其《そ》の証拠《しょうこ》を聞《き》かん。

主人《しゅじん》の曰《いわ》く、其《そ》の文《もん》、繁多《はんた》にして、其《そ》の証《しょう》、弘博《こうはく》なり。

『金光明経《こんこうみょうきょう》』に云《いわ》く、

「其《そ》の国土《こくど》において、此《こ》の経《きょう》有《あ》りと雖《いえど》も、未《いま》だ嘗《かつ》て流布《るふ》せず。捨離《しゃり》の心《こころ》を生《しょう》じて聴聞《ちょうもん》せんことを楽《ねが》わず、また供養《くよう》し、尊重《そんじゅう》し、讃歎《さんたん》せず。四部《ぶ》の衆《しゅ》[24]、持経《じきょう》の人を見《み》て亦復《またまた》尊重《そんじゅう》し、乃至《ないし》、供養《くよう》すること能《あた》わず。遂《つい》に我等《われら》及《およ》び余《よ》の眷属《けんぞく》、無量《むりょう》の諸天《しょてん》をして、此《こ》の甚深《じんじん》の妙法《みょうほう》を聞《き》くことを得《え》ず、甘露《かんろ》の味《あじわい》に背《そむ》き、正法《しょうぼう》の流《ながれ》を失《うしな》い、威光《いこう》及《およ》び勢力《せいりき》有《あ》ること無《な》から令《し》む。悪趣《あくしゅ》[25]を増長《ぞうちょう》し、人天《にんでん》を損減《そんげん》し、生死《しょうじ》の河《かわ》に墜《お》ちて、涅槃《ねはん》の路《みち》に乖《そむ》かん。世尊《せそん》、我等《われら》四王《おう》並《ならび》に諸《もろもろ》の眷属《けんぞく》[26]及《およ》び薬叉《やしゃ》等、斯《かく》の如《ごと》き事を見《み》て、其《そ》の国土《こくど》を捨《す》てて擁護《おうご》の心《こころ》無《な》けん。但《た》だ我等《われら》

第二答　国難の経証を示す

第一章　前言

第二章　引証

第一証　金光明経

第一　国王の不信

24 **四部の衆**　四衆（比丘・比丘尼・優婆塞・優婆夷）に同じ。

25 **悪趣**　悪道のこと。悪業の報いとして趣かなければならない所。地獄・餓鬼・畜生を三悪道という。

第二　善神の上天

26 **眷属**　仏・菩薩につき従うもの。

第三　災難の続出

のみ是《こ》の王《おう》を捨棄《しゃき》するに非《あら》ず、必《かなら》ず無量《むりょう》の国土《こくど》を守護《しゅご》する諸大善神《しょだいぜんじん》有《あ》らんも、皆悉《みなことごと》く捨去《しゃこ》せん。既《すで》に捨離《しゃり》し已《おわ》りなば、其《そ》の国当《くにまさ》に種種《しゅじゅ》の災禍《さいか》有《あ》って、国位《こくい》を喪失《そうしつ》すべし。一切《いっさい》の人衆《にんしゅ》、皆善心《みなぜんしん》無《な》く、唯《た》だ繋縛《けいばく》、殺害《せつがい》、瞋諍《しんじょう》[27]のみ有《あ》り、互《たが》いに相讒諂《あいざんてん》[28]し、枉《ま》げて辜《つみ》無《な》きに及《およ》ばん。疫《えき》病流行《びょうりゅうこう》し、彗星《すいせい》[29]数《しばしば》出《い》で、両日並《りょうじつなら》び現《げん》じ、薄蝕《はくしょく》恒《つね》無《な》く、黒白《こくびゃく》の二虹《にこう》不祥《ふしょう》の相《そう》を表《あら》わし、星流《ほしなが》れ、地動《ちうご》き、井《い》の内《うち》に声《こえ》を発《おこ》し、暴雨悪風《ぼううあくふう》時節《じせつ》に依《よ》らず、常《つね》に飢饉《ききん》に遭《あ》いて、苗実《みょうじつ》成《みの》らず、多《おお》く他方《たほう》の怨賊《おんぞく》有《あ》って、国内《こくない》を侵掠《しんりゃく》し、人民諸《にんみんもろもろ》の苦悩《くのう》を受《う》け、土地《とち》所楽《しょらく》の処《ところ》有《あ》ること無《な》けん」已上。

第二証　大方等大集経

『大集経《だいじっきょう》』に云《いわ》く、

第一　佛法の衰滅

「佛法実《ぶっぽうじつ》に隠没《おんもつ》せば、鬚髪爪《しゅはっそう》皆長《みななが》く、諸法《しょほう》も亦《ま》た忘失《もうしつ》せ

27　**瞋諍**　怒り、争うこと。

28　**讒諂**　他人のことを讒言し、主君などにへつらい取り入ること。「讒」は事実を曲げ、偽って人を悪く言うこと。「諂」は人に気に入られる様に振る舞うこと。

29　**彗星**　太陽系に属し、一定の軌道を描いて運動する星雲状の天体。古来、彗星の出現は不吉の前兆として恐れられた。

ん。当時《そのとき》、虚空《こくう》[30]の中《なか》に大《おおい》なる声《こえ》ありて地《ち》に震《ふる》い、一切《いっさい》皆遍《みなあまね》く動《どう》ぜんこと、猶《な》お水上輪《すいじょうりん》[31]の如《ごと》くならん。城壁破《じょうへきやぶ》れ落《お》ち下《くだ》り、屋宇《おくう》悉《ことごと》く圮《やぶ》れ坼《さ》け、樹林《じゅりん》の根《ね》、枝《えだ》、葉《は》、華葉《けよう》、菓《か》、薬《やく》尽《つ》きん。唯《た》だ浄居天《じょうごてん》[32]を除《のぞ》きて、欲界《よくかい》の一切処《いっさいしょ》の七味《しちみ》[33]・三精気《さんしょうけ》[34]、損減《そんげん》して余《あまり》有《あ》ること無《な》く、解脱《げだつ》の諸《もろもろ》の善論《ぜんろん》、当時一切《そのときいっさい》尽《つ》きん。生《しょう》ずる所《ところ》の華菓《けか》の味《あじわい》、希少《きしょう》にして亦《ま》た美《うま》からず。諸有《しょう》の井泉池《せいせんち》、一切尽《いっさいことごと》く枯涸《こかつ》し、土地《とち》悉《ことごと》く鹹鹵《かんろ》[35]し、敵裂《てきれつ》[36]して丘澗《くけん》[37]と成り、諸山皆焦燃《しょざんみなしょうねん》して、天龍雨《てんりゅうあめ》を降《ふ》らさず。苗稼皆枯死《みょうけみなこし》し、生者皆死《しょうじゃみなか》れ尽《つ》くして、余草更《よそうさら》に生《しょう》ぜず。土《つち》を雨《ふら》し、皆昏闇《みなこんあん》にして、日月明《にちがつめい》を現《げん》ぜず。四方皆亢旱《ほうみなこうかん》[38]し、数《しばしば》諸《もろもろ》の悪瑞《あくずい》を現《げん》じ、十不善業道《ふぜんごうどう》[39]、貪瞋癡倍増《とんじんちばいぞう》し、衆生《しゅじょう》の父母《ぶも》における、之《こ》れを観《み》ること獐鹿《しょうろく》[40]の如《ごと》くならん。衆生及《しゅじょうおよ》び寿命《じゅみょう》、

第二　災難の続出

一　地震

30 **虚空**　何もない空間。そら。

31 **水上輪**　水車のこと。転じて物事が急激に変化すること。

32 **浄居天**　小乗の第三果の聖者が生まれる天処。色界の第四禅天にあたる。

33 **七味**　甘・辛・酢（すい）・苦・鹹（しおからい）・渋・淡の七つの味。

二　天旱

34 **三精気**　『大集経』の言葉。大地精気・衆生精気・正法精気をいう。精気とは根本の生命力。成長育成の力。大地には穀物、草木を育成する力がある。それに養われる衆生は自他を増益させる力がある。仏法には衆生を調養得脱させる力がある。

35 **鹹鹵**　「鹹」は塩気。「鹵」は塩分を含んだ荒れ地。

36 **敵裂**　大地がひび割れること。

37 **丘澗**　「丘」は岡など小高い所。「澗」は谷などくぼんだ所。

38 **亢旱**　厳しい日照り。

三　人悪

39 **十不善業道**　身口意の十種の悪業。（一）殺生・（二）偸盗・（三）邪婬・（四）妄語・（五）

色力威楽減《しきりきいらくげん》じ、人天《にんでん》の楽《らく》を遠離《おんり》し、皆悉《みなことごと》く悪道《あくどう》に堕《だ》せん。是《かく》の如《ごと》き不善業《ふぜんごう》の悪王《あくおう》、悪比丘《あくびく》、我《わ》が正法《しょうぼう》を毀壊《きえ》し、天人《てんにん》の道《みち》を損減《そんげん》し、諸天善神王《しょてんぜんじんおう》、衆生《しゅじょう》を悲愍《ひみん》する者、此《こ》の濁悪《じょくあく》[41]の国《くに》を棄《す》てて、皆悉《みなことごと》く余方《よほう》に向《むか》わん」已上。

『仁王経《にんのうきょう》』に云《いわ》く、

「国土《こくど》乱《みだ》れん時《とき》は先《ま》ず鬼神《きじん》乱《みだ》る。鬼神《きじん》乱《みだ》るるが故《ゆえ》に万民《ばんみん》乱《みだ》る。賊《ぞく》来《きた》りて国《くに》を劫《おびや》かし、百姓《ひゃくしょう》亡喪《もうそう》し、臣君《しんくん》、太子《たいし》、王《おう》子《じ》、百官《ひゃっかん》共《とも》に是非《ぜひ》を生《しょう》ぜん。天地《てんち》怪異《けい》し、二十八宿《しゅく》[42]、星道《せいどう》、日月《にちがつ》、時《とき》を失《うしな》い度《ど》を失《うしな》い、多《おお》く賊《ぞく》の起《おこ》ること有《あ》らん」。

亦《ま》た云《いわ》く、

「我今《われいま》五眼《ごげん》[43]をもて明《あきら》かに三世《さんぜ》[44]を見《み》るに、一切《いっさい》の国王《こくおう》は皆過去《みなかこ》の世《よ》に、五百の佛《ほとけ》に侍《つかえ》しに由《より》て、帝王主《ていおうしゅ》と為《な》る

綺語・(六)悪口・(七)両舌・(八)貪欲・(九)瞋恚・(十)邪見。

第三　善神の捨国

40　**獐鹿**　人に追われて自分だけ助かろうとして仲間をかまわなくなる臆病な鹿のこと。

41　**濁悪**　末世に起こる現象である五濁と、人間の悪行である十悪のこと。人心が汚れ、罪悪が満ちている事。

第三証　仁王経護国品

42　**二十八宿**　二十八座の星。インドの天文学で天体・日月の運行を区画するため、星群を二十八に分類したもの。日の吉凶を占う方法として用いる。

第四証　仁王経受持品

43　**五眼**　五つの眼力。肉眼（肉身に所有している眼）・天眼（天人が所有している眼で、衆生の未来の生死を知る力がある眼）・慧眼（二乗の人が所有する眼で、一切の現象は空であると見ぬく眼）・法眼（菩薩が一切衆生を救うためにす

ことを得《え》たり。是《こ》れを為《もっ》て一切《いっさい》の聖人《せいじん》、羅漢《らかん》[45]、而《しか》も為《ため》に彼《か》の国土《こくど》の中《なか》に来生《らいしょう》して、大利益《だいりやく》を作《な》さん。若《も》し王の福《ふく》尽《つ》きん時《とき》は、一切《いっさい》の聖人《せいじん》皆《みな》為《こ》れ捨《す》て去《さ》らん。若《も》し一切《いっさい》の聖《せい》人《じん》去《さ》らん時《とき》は、七難《しちなん》必《かなら》ず起《おこ》らん」已上。

『薬師経《やくしきょう》』に云《いわ》く、

「若《も》し刹帝利《せっていり》[46]・灌頂王《かんじょうおう》[47]等《とう》の災難《さいなん》起《お》こらん時《とき》には所謂《いわゆる》、人衆疾疫《にんしゅしつえき》の難《なん》・他国侵逼《たこくしんぴつ》の難《なん》[48]・自界叛逆《じかいほんぎゃく》の難《なん》[49]・星宿《せいしゅく》変怪《へんげ》の難《なん》・日月薄蝕《にちがっはくしょく》の難《なん》・非時風雨《ひじふうう》の難《なん》・過時不雨《かじふう》の難《なん》あらん」已上。

『仁王経《にんのうきょう》』に云《いわ》く、

「大王《だいおう》、吾《わ》が今化《いまけ》する所《ところ》の百億の須弥《しゅみ》[50]、百億の日月《にちがつ》、一一の須弥《しゅみ》に四天下《てんげ》有《あ》り。其《そ》の南閻浮提《なんえんぶだい》[51]に十六の大国《たいこく》・五百の中国《ちゅうこく》・十千の小国《しょうこく》有《あ》り。其《そ》の国土《こくど》の中《なか》に七の畏《おそ》

べての教えを照見する眼）・仏眼（前の四眼をすべてそなえ、諸法の実相を見とおし知る仏の眼）。

44 **三世** 過去・現在・未来のこと。過去は法がすでに過ぎ去った状態、現在は現に生起している状態、未来はまだ起こって来ない状態をいう。仏教では時間を実体のないものとみて、変化する存在の上に仮に三世を立てる。『法華経』寿量品には久遠実成の本仏釈尊が三世にわたって常に衆生を救済し続けることを説く。

第五証　薬師経

45 **羅漢** 阿羅漢。小乗仏教における修行の最高位に達した聖者のこと。

46 **刹帝利** インドのカースト制の一つ、王族武士階級で四姓の二番目に位置する。刹利、クシャトリアに同じ。

47 **灌頂王** 大国の王。国王即位の時に、聖水を頂き灌ぐので、この名がある。

第六証　仁王経

第一　日月失度の難

48 **他国侵逼難** 外国からの侵略のこと。日蓮聖人は『立正安国論』において、謗法を禁止し正法である『法華経』に帰依しなければ、自界叛逆・他国侵逼の二難がやがて起こるであろうと予言警告した。文永五年（一二六八）の蒙古

る可《べ》き難有《なんあ》り。一切《いっさい》の国王《こくおう》、是《こ》れを難《なん》と為《な》すが故《ゆえ》に。云何《いか》なるを難《なん》と為《な》す。日月度《にちがつど》を失《うしな》い、時節返逆《じせつほんぎゃく》し、或《あるい》は赤日出《しゃくじつい》で、黒日出《こくじつい》で、二三四五の日出《ひい》で、或《あるい》は日蝕《にっしょく》して光《ひかり》なく、或《あるい》は日輪《にちりん》一重《じゅう》二三四五重輪現《じゅうりんげん》ずるを一の難《なん》と為《な》す也《なり》。二十八宿度《しゅくど》を失《うしな》い、金星《きんせい》・彗星《すいせい》・輪星《りんせい》[52]・鬼星《きせい》[53]・火星《かせい》[54]・水星《すいせい》[55]・風星《ふうせい》[56]・刁星《ちょうせい》[57]・南斗《なんじゅ》[58]・北斗《ほくと》[59]・五鎮《ごちん》の大星《だいせい》[60]・一切《いっさい》の国主星《こくしゅせい》[61]・三公星《さんこうせい》[62]・百官星《ひゃっかんせい》[63]、是《かく》の如《ごと》き諸星《しょせい》、各各変現《おのおのへんげん》するを二の難《なん》と為《な》す也《なり》。大火国《たいかくに》を焼《や》き万《ばん》姓焼《しょうや》き尽《つく》し、或《あるい》は鬼火《きか》・龍火《りゅうか》[64]・天火《てんか》[65]・山神火《さんじんか》[66]・人火《じんか》・樹木火《じゅもくか》[67]・賊火《ぞくか》[68]あらん。是《かく》の如《ごと》く変怪《へんげ》するを三の難《なん》と為《な》す也《なり》。大水百姓《たいすいひゃくしょう》を漂没《ひょうもつ》[69]し、時節反逆《じせつほんぎゃく》して、冬雨《ふゆあめ》ふり、夏雪《なつゆき》ふり、冬《ふゆ》の時《とき》に雷電霹靂《らいでんへきれき》[70]し、六月に氷霜雹《ひょうそうはく》を雨《ふら》し、赤水《しゃくすい》・黒水《こくすい》・青水《せいすい》を雨《ふら》し、土山《どせん》・石山《しゃくせん》を雨《ふら》し、沙《すな》・礫《つぶて》

国書到来、文永十一年（一二七四）の文永の役により、他国侵逼難の予言は現実のものとなった。

49 **自界叛逆難**　反逆者が出て内乱となること。国内の戦乱をいう。『薬師経』に説く七難の一。この予言は文永九年（一二七二）の北条時輔らの謀叛により現実のものとなった。

第二　衆星変怪の難

50 **須弥**　古代印度の世界観によると、世界の中心をなすものが須弥山で、水の下に入ること八万由旬、水上に出づること八万由旬の大きさがあるという。頂上は帝釈天、中腹は四天王の住処である。囲りには七海七山がある。南贍部洲（南閻浮提）・東勝身洲（東毘提訶・東弗婆提）・西牛貨洲（西瞿陀尼・西瞿耶尼）・北瞿盧洲（北鬱単越）の四大洲はこの七山の外側の海の四方にある。

第三　諸火焚焼の難

51 **南閻浮提**　閻浮提に同じ。佛教の世界観で須弥山の四方にある大陸の一つ。

第四　諸水漂没の難

52 **輪星**　光る輪を持った星。土星のことか。

53 **鬼星**　二十八宿の一つ。鬼宿のこと。鬼宿が明るい時は豊年となり、暗い時は人々が散乱するという。

54 **火星**　五星の一つ。五つの惑星に五行（木火土金水）を配した名称の一つ。

・石《いし》を雨《ふら》し、江河《ごうが》逆《さかし》まに流《なが》れ、山《やま》を浮《うか》べ石《いし》を流《なが》す。是《かく》の如《ごと》く変《へん》ずる時《とき》を四の難《なん》と為《な》す也《なり》。大風《たいふう》万姓《ばんしょう》を吹殺《ふきころ》し、国土《こくど》の山河《さんが》樹木《じゅもく》、一時《じ》に滅没《めつもつ》し、非時《ひじ》の大風《たいふう》・黒風《こくふう》・赤風《しゃくふう》・青風《せいふう》・天風《てんふう》・地風《ちふう》・火風《かふう》・水風《すいふう》、是《かく》の如《ごと》く変《へん》ずるを五の難《なん》と為《な》す也《なり》。天地国土亢陽《てんちこくどこうよう》[71]し、炎火洞然《えんかどうねん》して百草亢旱《ひゃくそうこうかん》し、五穀登《ごこくみの》らず、土地赫燃《とちかくねん》して万姓滅尽《ばんしょうめつじん》せん。是《かく》の如《ごと》く変《へん》ずる時《とき》を六の難《なん》と為《な》す也《なり》。四方《ほう》の賊来《ぞくきた》りて国《くに》を侵《おか》し、内外《ないげ》の賊起《ぞくおこ》り、火賊《かぞく》・水賊《すいぞく》・風賊《ふうぞく》・鬼賊《きぞく》ありて、百姓荒乱《ひゃくしょうこうらん》し、刀兵劫《とうひょうこう》[72]起《おこ》らん。是《かく》の如《ごと》く怪《け》する時《とき》を七の難《なん》と為《な》す也《なり》」。

『大集経《だいじっきょう》』に云《いわ》く、

「もし国王《こくおう》有《あ》り。無量世《むりょうせ》において施《せ》・戒《かい》・慧《え》[73]を修《しゅ》すとも、我《わ》が法《ほう》の滅《めっ》せんを見《み》て、捨《す》てて擁護《おうご》せずんば、是《かく》の如《ごと》

---

55 **水星**　五星の一つ。辰星（しんせい）ともいう。五つの惑星に五行を配した名称の一つ。

第五　大風数起の難

56 **風星**　二十八宿の中の東方七星の一つ。箕星（きせい）のこと。

57 **刁星**　「刁」とは銅製の器で銅鑼の一種。昼は鍋の代用品となり、夜は警戒の鳴り物とする。刁星は刁の形をした星座ともいわれるが定かではない。

第六　天地亢陽の難

58 **南斗**　「なんと」とも読む。夏から秋にかけて南天に見える星座。南斗の六星のことで、六星の形が小さなひしゃくの形をしている。

第七　四方賊来の難

59 **北斗**　北極方向にある星座。古来より中国では、北極星を天帝と見、北斗七星を帝軍と見ていた。天帝は帝軍に乗じて万物を支配する。ゆえに北斗は司命神であり、四季を定め、方位を定め、天地四方を平定する星とされた。次第に人間の生死をも支配する神とされた。

60 **五鎮の大星**　木・火・土・金・水の五星中、中央に位置し他の四星を統する土星のこと。

第七証　大方等大集経

61 **一切の国主星**　いかなる星を指すかは定かではないが、国を治める国主に当てた星と考えられる。

62 **三公星**　三公とは国主を助け天下を治める役職。それに当てた星。

63 **百官星**　百官とは役人のこと。それに当て

く種《う》うる所《ところ》の無量《むりょう》の善根《ぜんごん》、悉《ことごと》く皆滅失《みなめっしつ》して、其《そ》の国《くに》に当《まさ》に三の不祥《ふしょう》の事有《あ》るべし。一には穀実《こくじつ》、二には兵革《へいかく》、三には疫病《えきびょう》なり。一切《いっさい》の善神《ぜんじん》悉《ことごと》く之《これ》を捨離《しゃり》せば、其《そ》の王教令《おうきょうりょう》すとも人随従《ひとずいじゅう》せず。常《つね》に隣国《りんごく》の為《ため》に侵嬈《しんにょう》[74]せられん。暴火《ぼうか》横《ほしいまま》に起《おこ》り、悪風雨《あくふうう》多《おお》く、暴水増長《ぼうすいぞうちょう》して人民《にんみん》を吹漂《すいひょう》し、内外《ないげ》の親戚其《しんせきそ》れ共《とも》に謀叛《むほん》せん。其《そ》の王久《おうひさ》しからずして当《まさ》に重病《じゅうびょう》に遇《あ》い、寿終《じゅじゅう》の後《のち》、大地獄《だいじごく》の中《なか》に生《しょう》ずべし。乃至《ないし》、王《おう》の如《ごと》く、夫人《ぶにん》・太子《たいし》・大臣《だいじん》・城主《じょうしゅ》・柱師《ちゅうし》[75]・郡守《ぐんしゅ》・宰官《さいかん》も亦復是《またかく》の如《ごと》くならん」已上。

夫《そ》れ四経《きょう》の文《もん》、朗《あきら》かなり。万人誰《ばんにんだれ》か疑《うたが》わん。而《しか》るに盲瞽《もうこ》[76]の輩《ともがら》、迷惑《めいわく》の人、妄《みだ》りに邪説《じゃせつ》を信《しん》じて、正教《しょうきょう》を弁《わきま》えず。故《ゆえ》に天下世上《てんかせじょう》、諸佛衆経《しょぶつしゅきょう》において、捨離《しゃり》の心《こころ》を生《しょう》じて、擁護《おうご》の志《こころざし》無《な》し。仍《よっ》て善神《ぜんじん》・聖人《せいじん》、国《くに》を捨《す》

た星のこと。
64 **鬼火・竜火**　鬼の起こす火、竜の降らす火。
65 **天火**　落雷によって起こる火。
66 **山神火**　神仙の起こす火。
67 **樹木火**　『仁王経』七難うち第三の難である、諸火焚焼の難の一つ。大干魃などによる極度の乾燥と高温のため樹木から自然発生する火。
68 **賊火**　賊の放った火。
69 **溺没**　溺れ没すること。
70 **霹靂**　急激な雷鳴。
71 **亢陽**　日照り。
72 **刀兵劫**　戦乱の時代。四劫のうち住劫の中の滅劫の終わりごとにおこる、小の三災の一つ。
73 **施・戒・慧**　布施・持戒・智慧のこと。布施は他者に物を施し与えることで、財施・法施・無畏施の三種ある。持戒は戒律を守ること。智慧は事物の本質を見抜く深い智慧のこと。
74 **侵嬈**　侵略と同じ。「侵」とは次第に入り込む、おかす、けずる、そこなう。「嬈」とはわずらわしい、なやむ、なぶる、みだす。おかしみだすの意味。

第三章　結

75 **柱師**　柱とたのむ師。『大集経』の原文にはなく、「村主・将師」となっている。ちなみに村主は村長。将師は将軍のこと。
76 **盲瞽**　目の見えない人。また道理に暗い人。

て所《ところ》を去《さ》る。是《ここ》を以《もっ》て悪鬼《あっき》・外道《げどう》、災《わざわい》を成《な》し難《なん》を致《いた》す
なり。

コラム１　筆写本のご紹介

日蓮聖人の偉功を後世に伝えようと、御遺文などを書写された方が京都には何人かおられます。中でも、中世において京都町衆の法華信仰を支えた本阿弥光悦（一五五八〜一六三七）の書写をここでは三点紹介致します。

本阿弥家は刀剣の鑑定（めきき）、磨礪（とぎ）、浄拭（ぬぐい）という、いわゆる「本阿弥の三事」を業として古来有名でありました。室町中期、久遠成院日親上人と本阿弥清信（光悦の曾祖父）の縁により、代々熱烈な法華信仰を持つようになりました。

江戸初期には、本阿弥家は光悦を中心として、書画漆陶の芸術創作活動を進めました。元和元年（一六一五）徳川家康により洛北鷹ケ峰の地を拝領すると、家職につながる人々を引連れて移住しました。東西二〇〇間、南北七町の山野に、光悦は新しく芸術村を拓いたのです。

光悦は『如説修行抄』等多くの御遺文を書写しており、それらは本山本法寺、本山本満寺、大本山妙蓮寺等に現存しています。また、光悦は御遺文の内容も深く理解していたと伝えられています。光悦の御遺文書写は、紙上から一切の飾りを排しており、宗祖との対話として、これらの書写を行ったと考えられています。

また、光悦は、日蓮宗寺院の扁額なども多く制作しており、その信仰の篤さを計り知ることができます。

一、本阿弥光悦筆　『立正安国論』

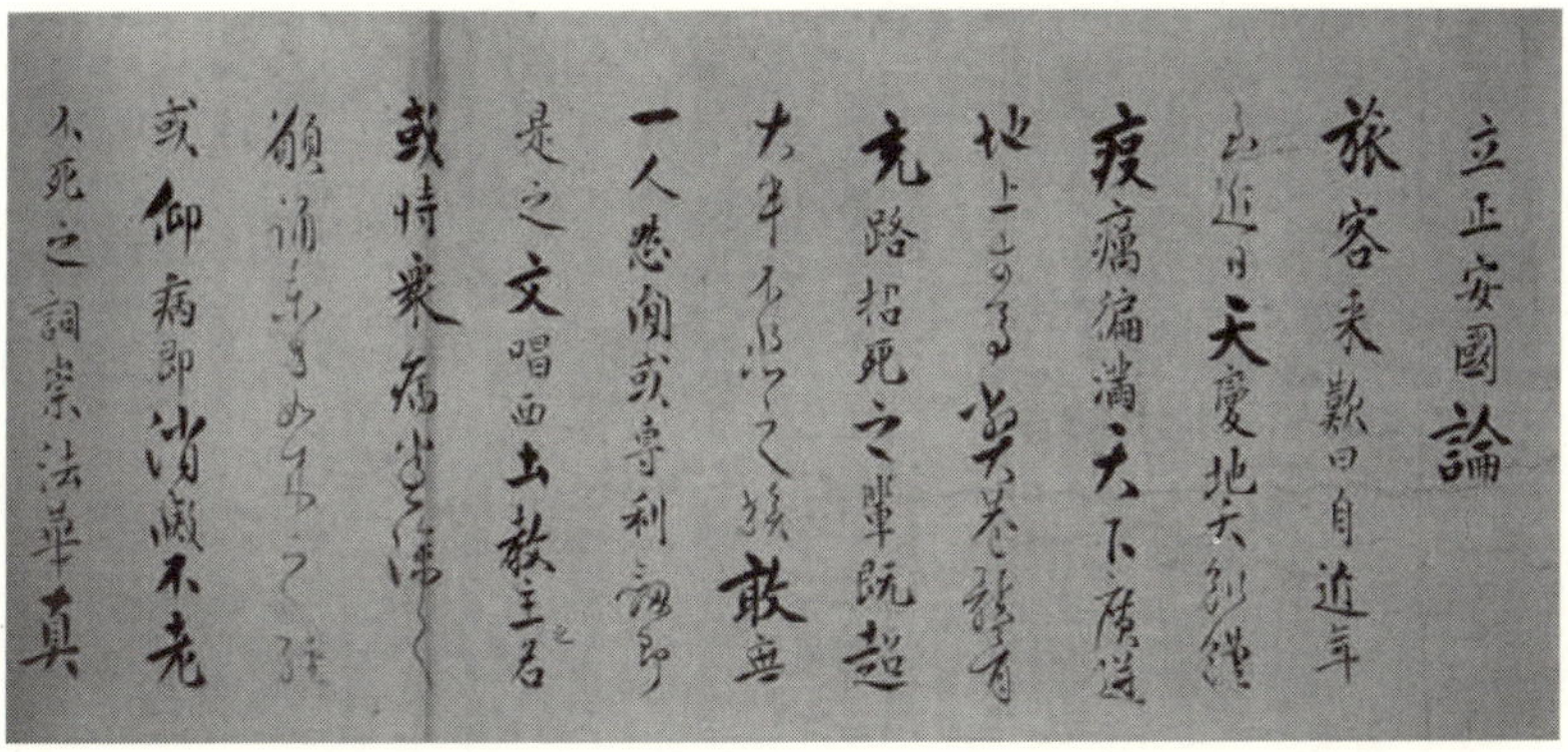

『立正安国論』の書写は、旅客の問いに対して、世の人々が正法に背いて邪法に帰依したため、諸天善神はこの国を捨て、聖人も去って還ってこないから、悪魔や悪鬼が押しよせ、次々に災難が起こると答えるところまでです。

奥書には、元和五年（一六一九）十二月二十七日、妙蓮寺十四世日源上人の求めに応じて書写したとあります。

端正な楷書で書き始め、徐々に行書、草書が交えられています。光悦の書の魅力が遺憾なくあらわされています。

京都　妙蓮寺蔵

二、本阿弥光悦筆　『法華題目抄』

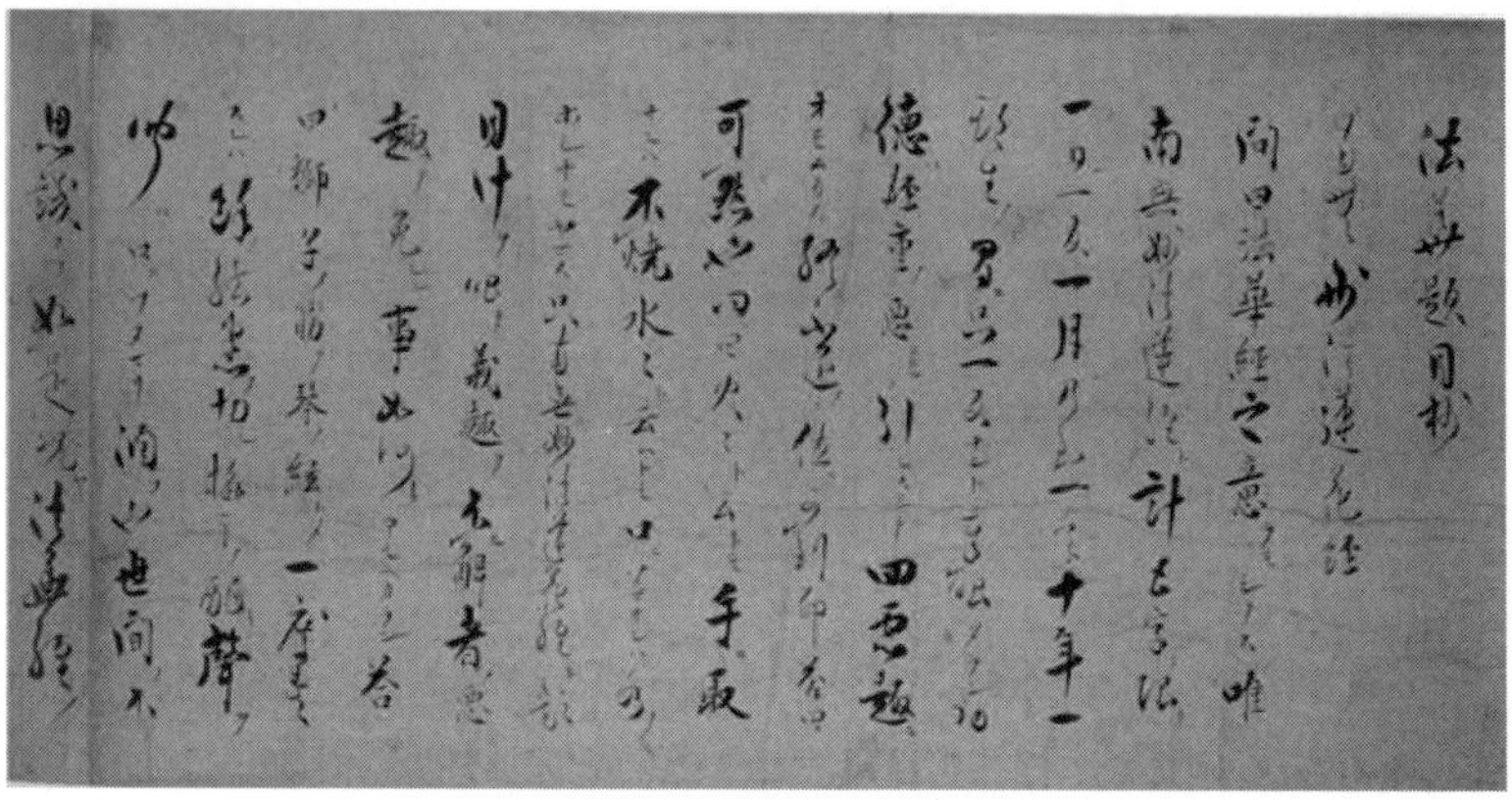

『法華題目抄』は、文永三年（一二六六）正月六日、宗祖四十五歳の時、清澄寺において撰述されました。

御題目を受持する功徳の莫大なること、信の大切さを説き、御題目を唱える人の利益を説かれたものです。また、女人の成仏は唯だ『法華経』に限られるのであるから、速やかに念仏を止めて、御題目を唱えて成仏を期すべきであると勧められています。

京都　本法寺蔵

三、本阿弥光悦筆　『始聞仏乗義』

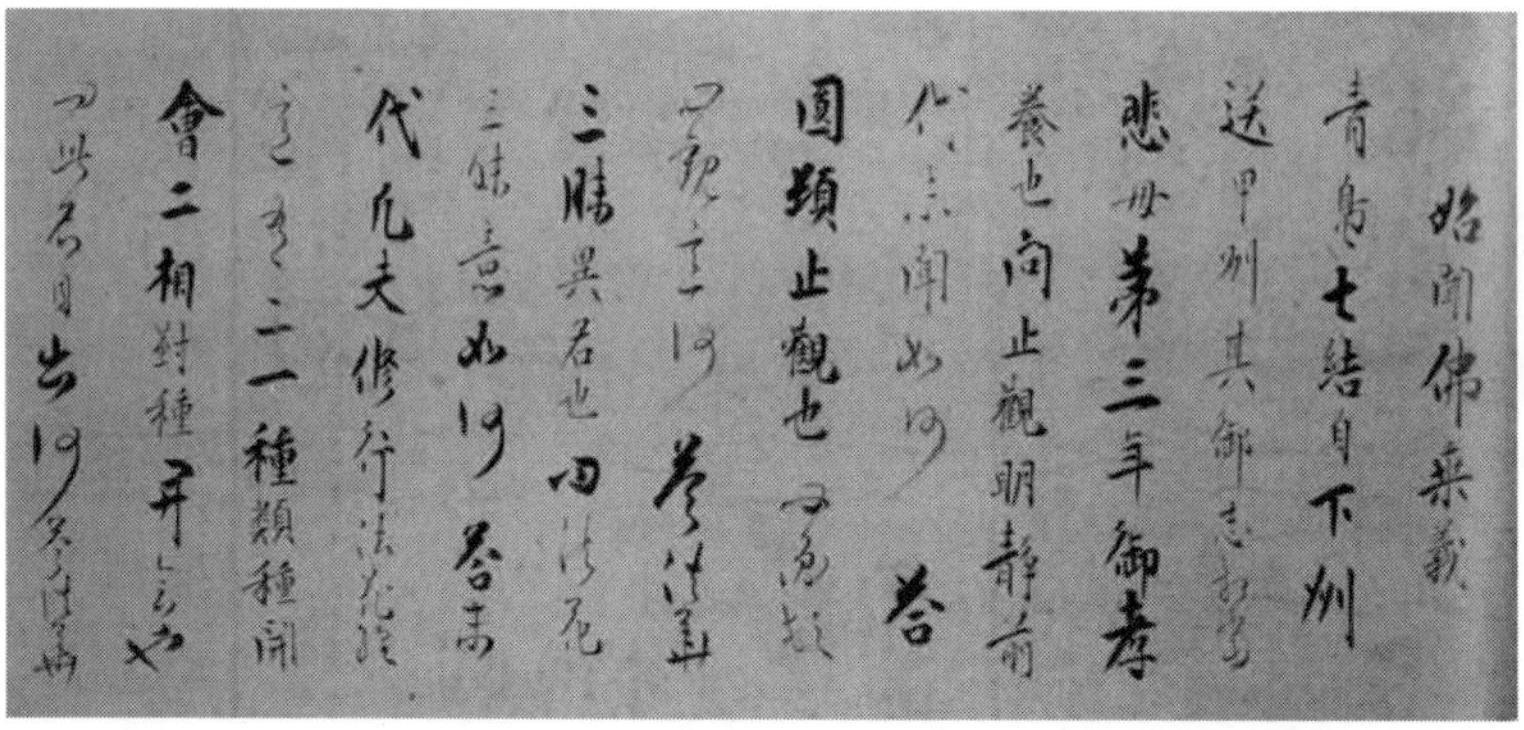

『始聞仏乗義』は、建治四年（一二七八）宗祖五十七歳の時、富木常忍が母の追善の為、身延の宗祖へ青梟（せいふ）七結を贈り、その返礼の法施として著されたものです。

「末代の凡夫は、この法門を聞いたなら、ただ自分一人が成仏するだけでなく、父母もまた即身成仏する。これぞ第一の孝養である。」と説かれています。御真蹟は中山法華経寺に格護されています。

この筆写本の奥書には、元和五年（一六一九）七月五日、妙蓮寺十四世日源上人の求めに応じて書写したとあります。

本作品は、端正な楷書で始まり一点一画が謹厳に写されており、厳粛な気持ちで書写に臨んだ姿が偲ばれます。

京都　妙蓮寺蔵

コラム２　諸経概略

『立正安国論』において引用される経典の概略を掲載します。

日蓮聖人は御遺文において、『法華経』だけではなく、多数の経典を引用されています。日蓮聖人に対する批判の際に「『法華経』以外の経典をないがしろにしながら、御遺文において多数の経典が引用される」という意見があります。

『法華経』が最上であることは疑いありません。しかし、『法華経』を理解するために諸経を読む。また『法華経』があるからこそ、諸経が新たに息づくといったこともあると思います。

日蓮聖人は『立正安国論』著作に際し、岩本の実相寺において、一切経を再読されたと伝えられます。『法華経』を弘めるため、人々に理解してもらうためには、諸経の引用が必要であったともいえるでしょう。

『立正安国論ノート』通読の際に、往見されますようお願いします。

阿含経《あごんきょう》

原始仏教経典のこと。最古の経典群として尊重研究された。四世紀から五世紀にかけて訳出される。『長阿含経《じょうあごんぎょう》』佛陀耶舎《ぶっだやしゃ》訳（四一三）。『中阿含経《ちゅうあごんぎょう》』曇摩難提《どんまなんだい》訳。（三九七）『増一阿含経《ぞういつあごんぎょう》』三蔵僧伽《さんぞうそうぎゃ》・提婆《だいば》訳。『雑阿含経《ぞうあごんぎょう》』求那跋陀羅《ぐなばっだら》訳（四二四～四五三）などが現存している。

華厳経《けごんぎょう》

正式名称は『大方広佛華厳経《だいほうこうぶっけごんぎょう》』という。大方広とは大乗の意味で、佛華厳は「菩薩行の雑華で、佛を厳飾する」という意味をもつ。毘盧遮那佛《びるしゃなぶつ》を本尊とする。中国訳は二種類あり、四二〇年、佛陀跋陀羅《ぶっだばっだら》の六十巻本、六九九年、実叉難陀《じっしゃなんだ》の八十巻唐訳がある。内容は善財《ぜんざい》童子《どうじ》の求道物語であり、童子の師は佛、菩薩、諸天善神にとどまらず、在俗の王、医者、少年、少女などが含まれる。童子は純粋であり、職業の相違、世俗の法にとらわれず、道を求めて教えを請う。ここで説かれる菩薩行は、『法華経《ほけきょう》』にたいすると、凡夫、悪人、女人、二乗の成佛を説かない。『法華経《ほけきょう》』が二乗の作佛を、説くことから同教一乗《どうきょういちじょう》と呼ばれるのにたいし、『華厳《けごん》経《ぎょう》』は菩薩行のみを別に説くことから、別教一乗《べっきょういちじょう》と呼ばれる。

金光明経《こんこうみょうきょう》

正式には『金光明最勝王経《こんこうみょうさいしょうおうきょう》』といい『最勝王経《さいしょうおうきょう》』とも称する。諸訳があるが、唐代の義浄《ぎじょう》の訳を日蓮聖人は多くもちいられている。国家守護の経典として知られ、国王の義務を説く「王法正論品《おうぼうしょうろんぼん》」を収めている。

また懺悔滅罪《さんげめつざい》の法も説く。

大集経　だいじっきょう

『大方等大集経《だいほうどうだいじっきょう》』という。曇無讖《どんむしん》、那連提黎耶舎《なれんだいりやしゃ》などの諸師が漢訳した多くの大乗経典を、隋の時代に僧就が六十巻に編集したもの。「大集」とは、釈尊が十方の佛・菩薩などを多数集めて大乗の法を説かれたことに由来する。密教的色彩が強いが、末法思想の根幹、後五百歳の教説が述べられる。

仁王経　にんのうきょう

鳩摩羅什《くまらじゅう》の訳。『佛説仁王般若波羅蜜多経《ぶっせつにんのうはんにゃはらみったきょう》』ともいう。末法において国に七難が起こるとき、国王が三宝を受持すれば、佛が五人の菩薩を遣わし国を護ると説かれることから、護国の経とされている。

涅槃経　ねはんぎょう

『大般涅槃経《だいはつねはんぎょう》』ともいい、訳は種々あるが西暦四〇四年、曇無讖《どんむしん》が訳したものが流布している。釈尊臨終の時の説法とされ、「如来常住《にょらいじょうじゅう》、悉有佛性《しつうぶっしょう》」を説く。天台の五時教判では『法華経《ほけきょう》』と同じく醍醐味《だいごみ》とされ、『法華経《ほけきょう》』を補足する経典とされる。

般若経　はんにゃきょう

『般若波羅蜜経《はんにゃはらみつきょう》』ともいう。般若波羅蜜《はんにゃはらみつ》とは智慧によって、六波羅蜜《ろくはらみつ》を修し、悟りに達することをいう。インドにおいても様々な『般若経《はんにゃきょう》』が作成され、また訳経も種々ある。それを蒐集したものが玄奘《げんじょう》訳の『大般若経《だいはんにゃきょう》』六百巻である。また鳩摩羅什《くまらじゅう》訳の『大品般若経《だいぼんはんにゃきょう》』、『小品般若経《しょうぼんはんにゃきょう》』。玄奘《げんじょう》訳の『般若心経《はんにゃしんぎょう》』などもひろく用いられている。

佛説観無量寿経　ぶっせつかんむりょうじゅきょう

『観無量寿経《かんむりょうじゅきょう》』、『観経《かんぎょう》』ともいう。畺良耶舎《きょうりょうやしゃ》の訳。西暦四四〇年頃に訳出。釈尊が韋提希夫人《いだいけぶにん》に、極楽往生のために観佛の法を授ける。浄土三部経の一つ。

法常住経　ほうじょうじゅうきょう

一巻。訳者不明。西晋代の訳。佛が祇園精舎において「佛の常住」について説いた経。法は佛の出世すると否とにかかわらずつねに存在するが、佛の出現によってはじめてその深義が明らかにされると説く。『選択集』の文中にみえる。

客色《きゃくいろ》を作《な》して曰《いわ》く、後漢《ごかん》の明帝《めいてい》は、金人《きんじん》の夢《ゆめ》[1]を悟《さと》りて白馬《はくば》の教《おし》えを得《え》、上宮太子《じょうぐうたいし》は、守屋《もりや》の逆《ぎゃく》を誅《ちゅう》して寺塔《じとう》の構《かま》えを成《な》す。爾《しか》しより来《このかた》、上一人《かみいちにん》より下万民《しもばんみん》に至《いた》るまで、佛像《ぶつぞう》を崇《あが》め経巻《きょうがん》を専《もっぱ》らにす。然《しか》れば則《すな》わち叡山《えいざん》[2]・南都《なんと》[3]・園城《おんじょう》[4]・東寺《とうじ》、四海一州《しかいいっしゅう》[5]・五畿《ごき》[6]・七道《しちどう》[7]、佛《ぶっ》経《きょう》、星《ほし》のごとく羅《つらな》り、堂宇《どうう》、雲《くも》のごとく布《し》けり。鶖子《しゅうし》の族《やから》[8]は則《すな》わち鷲頭《じゅとう》の月《つき》[9]を観《かん》じ、鶴勒《かくろく》の流《ながれ》は亦鶏足《またけいそく》の風《ふう》を伝《つた》う[10]。

誰《だれ》か一代《いちだい》の教《きょう》を褊《さみ》し、三宝《さんぼう》の跡《あと》を廃《はい》すと謂《い》わんや。若《も》し其《そ》の証《しょう》有《あ》らば、委《くわし》く其《そ》の故《ゆえ》を聞《き》かん。

主人喩《しゅじんさと》して曰《いわ》く、佛閣《ぶっかく》甍《いらか》を連《つら》ね経蔵《きょうぞう》軒《のき》を並《なら》ぶ。僧《そう》は竹葦《ちくい》の如《ごと》く、侶《りょ》は稲麻《とうま》[11]に似《に》たり。崇重《そうじゅう》[12]年《とし》旧《ふ》り、尊貴《そんき》[13]日《ひ》に新《あらた》なり。但《ただ》し、法師《ほっし》は諂曲《てんごく》[14]にして人倫《じんりん》に迷惑《めいわく》し、王臣《おうじん》

第三問　謗法の事実を疑う

第一章　佛法の隆盛を叙する

1　**金人の夢**　インドから中国に仏教が初伝した物語。「明帝の感夢求法」説。明帝が夢の中で金人（仏像）をみて仏法の存在を知り、使節を西域に派遣した。永平一〇年（六七）使節は迦葉摩騰・竺法蘭の二僧と仏典ともに帰国した。明帝は喜んで洛陽に白馬寺を立てて、ここで中国初の経典が訳出されたというもの。

2　**叡山**　比叡山延暦寺。

3　**南都**　奈良時代の六つの仏教宗派。三論・法相・成実・倶舎・律・華厳。平安以降に成立する諸派に比べて、信仰・教化よりも学問的研究を重視。

4　**園城**　園城寺。大津市の三井寺のこと。

5　**四海一州**　四海とは四方の海の内側ということから、国内・国中のこと。一州とは一国。日本全体の意。

第二章　謗法の証拠を求める

6　**五畿**　畿内と呼ばれる京都を囲む五つの国。大和・山城・河内・摂津・和泉の五ヶ国。

第三答　謗法の事実を証する

第一章　謗法の事実を示す

7　**七道**　日本を七つに分けた地方行政区画。東海・東山・北陸・山陰・山陽・南海・西海のこと。

⑬-19

は不覚《ふかく》にして邪正《じゃしょう》を弁《べん》ずること無《な》し。

『仁王経《にんのうきょう》』に云《いわ》く、

「諸《もろもろ》の悪比丘《あくびく》、多《おお》く名利《みょうり》を求《もと》め、国王《こくおう》・太子《たいし》・王子《おうじ》の前《まえ》において、自《みずか》ら破佛法《はぶっぽう》の因縁《いんねん》・破国《はこく》の因縁《いんねん》を説《と》かん。其《そ》の王別《おうわきま》えずして此《こ》の語《ことば》を信聴《しんちょう》し、横《ほしいまま》に法制《ほうせい》を作《つく》りて佛戒《ぶっかい》に依《よ》らず。是《こ》れを破佛《はぶつ》・破国《はこく》の因縁《いんねん》と為《な》す」已上。

『涅槃経《ねはんぎょう》』に云《いわ》く、

「菩薩《ぼさつ》、悪象等《あくぞうら》においては、心《こころ》に恐怖《くふ》すること無《な》かれ。悪知識《あくちしき》[15]においては、怖畏《ふい》[16]の心《こころ》を生《しょう》ぜよ。悪象《あくぞう》の為《ため》に殺《ころ》されては三趣《さんしゅ》に至《いた》らず。悪友《あくゆう》の為《ため》に殺《ころ》されては必《かなら》ず三趣《さんしゅ》に至《いた》る」已上。

『法華経《ほけきょう》』に云《いわ》く、

「悪世《あくせ》の中《なか》の比丘《びく》は、邪智《じゃち》[17]にして心諂曲《こころてんごく》に、未《いま》だ得《え》ざ

第二章 謗法の経証を示す

第一証 仁王経

8 **鶖子の族** 「鶖子」とは舎利弗のこと。舎利弗のように智恵を磨いて仏の真実の教えを学ぶ僧。

9 **鷲頭の月** 鷲頭とは霊鷲山のこと。釈尊の説かれた『法華経』などの経典を真理とし、月に例えること。

第二証 大般涅槃経

10 **鶴勒の流はまた鶏足の風を伝う** 鶴勒とは付法蔵の第二十三祖鶴勒那のこと。鶏足とは迦葉尊者の入定の山で、迦葉尊者より阿難尊者、そして代々受け継がれた教えを「鶏足の風」という。鶴勒の流れをくむ者が迦葉尊者の遺風、即ち釈尊の大乗の教えを伝えるということ。

11 **竹葦・稲麻** 竹とあし。稲と麻。物が多く密集するさまをいう。

12 **崇重** あがめ重んじる。

13 **尊貴** 尊ぶ。

第三証 妙法蓮華経

14 **諂曲** 本心を曲げてへつらう。

15 **悪知識** 外見上は智者であるが、巧みに人をあざむいて悪道に導く存在。

16 **怖畏** 怖れる心。おそれおののくこと。

⑬-20　⑬-22　⑬-24　⑬-26

るを為《こ》れ得《え》たりと謂《おも》い、我慢《がまん》[18]の心《こころ》充満《じゅうまん》せん。或《あるい》は阿《あ》練若《れんにゃ》[19]に、納衣《のうえ》[20]にして空閑《くうげん》[21]に在《あ》り、自《みずか》ら真《しん》の道《どう》を行《ぎょう》ずと謂《おも》うて、人間《にんげん》を軽賤《きょうせん》[22]する者有《ものあ》らん。利養《りよう》[23]に貪著《とんじゃく》[24]するが故《ゆえ》に、白衣《びゃくえ》[25]の与《ため》に法《ほう》を説《と》き、世《よ》に恭敬《くぎょう》せらるること六通《ろくつう》[26]の羅漢《らかん》の如《ごと》くならん。乃至《ないし》、常《つね》に大衆《だいしゅ》の中《なか》に在《あ》って、我等《われら》を毀《そし》らんと欲《ほっ》するが故《ゆえ》に、国王《こくおう》・大臣《だいじん》・婆羅門《ばらもん》[27]・居士《こじ》、及《およ》び余《よ》の比丘衆《びくしゅ》に向《むか》って、誹謗《ひぼう》して我《わ》が悪《あく》を説《と》きて、是《こ》れ邪見《じゃけん》[28]の人、外道《げどう》の論議《ろんぎ》を説《と》くと謂《い》わん。濁《じょっ》劫悪世《こうあくせ》[29]の中《なか》には、多《おお》く諸《もろもろ》の恐怖《くふ》有《あ》らん。悪鬼《あっき》其《そ》の身《み》に入《い》って、我《われ》を罵詈毀辱《めりきにく》[30]せん。濁世《じょくせ》の悪比丘《あくびく》は、佛《ほとけ》の方便《ほうべん》、随宜所説《ずいぎしょせつ》[31]の法《ほう》を知《し》らず、悪口《あっく》して顰蹙《ひんじゅく》[32]し、数数《しばしば》擯出《ひんずい》[33]せられん」已上。

『涅槃経《ねはんぎょう》』に云《いわ》く、

---

17 **邪智**　よこしまな智恵。
18 **我慢**　おごりたかぶる心。
19 **阿練若**　森林、原野や荒地などを含めて、仏道修行の比丘の住処。
20 **納衣**　僧の衣服。世人の不要なよごれた布を再利用した。
21 **空閑**　荒野。森林。人里離れた静かな所。
22 **軽賤**　軽んじる。見下す。
23 **利養**　利己的欲望。
24 **貪著**　むさぼり、おしむこと。
25 **白衣**　俗人の別称。インド人は一般的に俗人が白衣。出家は染めた衣を着る。
26 **六通**　通は神通の略。天眼通（苦楽生死の相を自在に見る）、天耳通（一切の音声を自在に聞き分ける）、他心通（人の心中を自在に知る）、宿命通（過去の事実を自在に知る）、如意身通（身の出没、穏顕飛行が自在なこと）、漏盡通（三界の生因である「見・思の惑」を断じて、「六道」の生死を離れ、心自在なこと）。
27 **婆羅門**　カースト制度における第一位の僧侶・司祭階級の者。
28 **邪見**　誤った思想。
29 **濁劫悪世**　五濁に汚れた悪世界。五濁とは劫濁（時代的濁化）・煩悩濁（本能的濁化）・衆生濁（人類的悪化）・見濁（思想的悪化）・命濁（生命の傷害）。
30 **罵詈毀辱**　悪口を言い、そしりはずかしめること。
31 **随宜所説**　よろしきに随って、説くところ。
32 **顰蹙**　眉を寄せて顔をしかめる。
33 **擯出**　迫害して追放する。

第四証　大般涅槃経

「我《われ》涅槃《ねはん》の後《のち》、無量《むりょう》百歳《さい》に、四道《どう》[34]の聖人《しょうにん》、悉《ことごと》く復《ま》た涅槃《ねはん》せん。正法《しょうぼう》[35]滅《めっ》して後《のち》、像法《ぞうぼう》[36]の中《なか》において、当《まさ》に比丘《びく》有《あ》るべし。像《かたち》を持律《じりつ》に似《に》せ、少《すく》く経《きょう》を読誦《どくじゅ》し、飲食《おんじき》を貪嗜《とんし》[37]して、其《そ》の身《み》を長養《ちょうよう》[38]し、袈裟《けさ》を著《ちゃく》すと雖《いえど》も、猶《な》お猟師《りょうし》の細《ほそ》めに視《み》て徐《おもむろ》に行《い》くが如《ごと》く、猫《ねこ》の鼠《ねずみ》を伺《うかが》うが如《ごと》し。常《つね》に是《こ》の言《ことば》を唱《とな》えん。我《われ》羅漢《らかん》を得《え》たりと。外《そと》には賢善《けんぜん》を現《げん》じ、内《うち》には貪嫉《とんしつ》を懐《いだ》く。唖法《あほう》[39]を受《う》くる婆羅門《ばらもん》等の如《ごと》く、実《じつ》には沙門《しゃもん》に非《あら》ずして沙門《しゃもん》の像《すがた》を現《げん》じ、邪見《じゃけん》熾《し》盛《じょう》[40]にして、正法《しょうぼう》を誹謗《ひぼう》せん」已上。

文《もん》に就《つい》て世《よ》を見《み》るに、誠《まこと》に以《もっ》て然《しか》なり。悪侶《あくりょ》を誡《いまし》めざれば、豈《あ》に善事《ぜんじ》を成《な》さん哉《や》。

客《きゃく》猶《な》お憤《いきどお》りて曰《いわ》く、明王《めいおう》[41]は天地《てんち》に因《よっ》て化《け》を成《な》し、聖人《せいじん》は理非《りひ》を察《さっ》して世《よ》を治《おさ》む。世上《せじょう》の僧侶《そうりょ》は天下《てんか》の帰《き》す

34 **四道** 小乗における聖者の段階。四果と同じ。須陀含道、斯陀含道、阿那含道、阿羅漢道。

35 **正法** 正像末三時説の中の正法時のこと。仏の教えとその修行とその結果としての悟りとが正しく備わって、釈尊の教えが完全に行われる時代のこと。

36 **像法** 正像末三時説の中の像法時のこと。仏の教えとその修行の二法はあるが、その結果としての悟りが得られなくなった時代のこと。

37 **貪嗜** むさぼり、このむこと。

38 **長養** 養い育てること。

39 **唖法** 外道の修行。静かに無言を守り、人と語らぬ無言の行。

40 **熾盛** 盛んなこと。

第三章 謗法の事実を決す

第四問 謗法の人法を求める

41 **明王** 賢明な王。賢い君主をいう。

第四答　謗法の人法を示す

第一章　法然上人の選択集の誤りを指摘する

第二章　法然上人の選択集を批判する

第一節　引文

第一段の文（一）

る所也《ところなり》。悪侶《あくりょ》においては明王《めいおう》信《しん》ずべからず。聖人《せいじん》に非《あら》ずんば賢哲《けんてつ》仰《あお》ぐべからず。今賢聖《いまけんせい》の尊重《そんじゅう》せるを以《もっ》て、則《すなわ》ち龍象《りゅうぞう》[42]の軽《かろ》からざるを知《し》る。何《なん》ぞ妄言《もうごん》を吐《は》きて強《あなが》ちに誹謗《ひぼう》を成《な》さん。誰人《たれひと》を以《もっ》て悪比丘《あくびく》と謂《い》うや。委細《いさい》に聞《き》かんと欲《ほっ》す。

主人《しゅじん》の曰《いわ》く、後鳥羽院《ごとばいん》の御宇《ぎょう》に法然《ほうねん》というもの有《あ》り、『選択集《せんちゃくしゅう》』を作《つく》れり。則《すなわ》ち一代《いちだい》の聖教《しょうぎょう》を破《は》し、遍《あまね》く十方《じっぽう》の衆生《しゅじょう》を迷《まよ》わす。

其《そ》の『選択《せんちゃく》』に云《いわ》く、

「道綽禅師《どうしゃくぜんじ》、聖道《しょうどう》・浄土《じょうど》の二門《もん》[43]を立《た》て、聖道《しょうどう》を捨《す》てて正《まさ》しく浄土《じょうど》に帰《き》するの文《もん》。初《はじめ》に聖道門《しょうどうもん》とは、之《これ》に就《つい》て二有《あ》り。乃至《ないし》、之《これ》に准《じゅん》じて之《これ》を思《おも》うに、応《まさ》に密大《みつだい》[44]及以実大《およびじつだい》[45]を存《そん》すべし。然《しか》れば則《すなわ》ち、今《いま》の真言《しんごん》[46]・佛心《ぶっしん》[47]

42　**龍象**　聖者・高僧を威力ある竜や象にたとえていう語。

43　**聖道・浄土の二門**　法然上人の立てた聖道門・浄土門の説。聖道門とは、娑婆世界で修行し、悟りを開き、成仏しようとする教えを指す。浄土門とは、来世において娑婆世界を厭い、捨てて、浄土に往生する教えを指す。

・天台《てんだい》[48]・華厳《けごん》[49]・三論《さんろん》[50]・法相《ほっそう》[51]・地論《じろん》[52]・摂論《しょうろん》[53]、此等八《これらはっ》家《け》の意《い》、正《まさ》しく此《ここ》に在《あ》る也《なり》。曇鸞法師《どんらんほっし》の『往生論註《おうじょうろんちゅう》』に云《いわ》く、『謹《つつし》んで龍樹菩薩《りゅうじゅぼさつ》の『十住毘婆沙《じゅうじゅうびばしゃ》』を案《あん》ずるに云《いわ》く、菩薩《ぼさつ》、阿毘跋致《あびばっち》[54]を求《もと》むるに二種《しゅ》の道有《どうあ》り。一には難行道《なんぎょうどう》、二には易行道《いぎょうどう》なり』。此《こ》の中《なか》に難行道《なんぎょうどう》とは、すなわちこれ聖道門《しょうどうもん》なり。易行道《いぎょうどう》とは、即《すなわ》ち是《こ》れ浄土門《じょうどもん》なり。浄土宗《じょうどしゅう》の学者《がくしゃ》、先《ま》ず須《すべから》く此《こ》の旨《むね》を知《し》るべし。設《たと》い先《さき》より聖道門《しょうどうもん》を学《まな》ぶ人なりと雖《いえど》も、若《も》し浄《じょう》土門《どもん》において其《そ》の志《こころざし》有《あ》らん者は、須《すべから》く聖道《しょうどう》を棄《す》てて浄土《じょうど》に帰《き》すべし」。

又云《またいわ》く、

「善導和尚《ぜんどうわじょう》、正《しょう》・雑《ぞう》二行《ぎょう》[55]を立《た》て、雑行《ぞうぎょう》を捨《す》てて正行《しょうぎょう》に帰《き》するの文《もん》。第《だい》一に読誦雑行《どくじゅぞうぎょう》とは、上《かみ》の『観経《かんぎょう》』等

第一段の文（二）

44 **密大**　秘密大乗の略。真言密教のこと。顕露大乗に対する語。大乗の中の密教の教えをさす。

45 **実大**　実大乗経の略。真実の大乗経の意。権大乗に対す。仏が自ら方便を用いずに出世の本懐、悟りの真実をそのまま説いた大乗の教えのこと。一切衆生が仏になることができると一仏乗を説く純円一実の『法華経』を指す。

第一段の文（三）

46 **真言**　真言宗。密宗、密家、大日宗とも呼ばれる。詳しくは真言陀羅尼宗という。弘法大師空海が、密教の行法を唐より持ち帰り設立。大日三部経を依り所とする。真言とは大日如来の心語意の三密の語密で、顕教では不可説の法身如来の悟境を説示するという意味。身に印契を結び、口に真言マントラを唱え、意に本尊大日如来を観じることで、三密ともに大日如来と一体になり、即身成仏を目指す。

第二段の文（一）

47 **佛心**　禅宗の異名。

第二段の文（二）

の往生浄土《おうじょうじょうど》の経《きょう》を除《のぞ》きて已外《いげ》、大小乗《だいしょうじょう》、顕密《けんみつ》の諸経《しょきょう》において受持《じゅじ》・読誦《どくじゅ》するを、悉《ことごと》く読誦雑行《どくじゅぞうぎょう》と名《な》づく。第《だい》三に礼拝雑行《らいはいぞうぎょう》とは、上《かみ》の弥陀《みだ》を礼拝《らいはい》するを除《のぞ》きて已外《いげ》、一切《いっさい》の諸佛《しょぶつ》・菩薩《ぼさつ》等、及《およ》び諸《もろもろ》の世天《せてん》[56]等において礼拝恭《らいはいく》敬《ぎょう》するを、悉《ことごと》く礼拝雑行《らいはいぞうぎょう》と名《な》づく。私《わたくし》に云《いわ》く、此《こ》の文《もん》を見《み》るに、須《すべから》く雑《ぞう》を捨《す》てて専《せん》を修《しゅ》すべし。豈《あに》『百《ひゃく》即百生《そくひゃくしょう》』の専修正行《せんしゅしょうぎょう》を捨《す》てて、堅《かた》く『千中無一《せんちゅうむいち》』の雑修雑行《ざっしゅぞうぎょう》を執《しゅう》せんや。行者《ぎょうじゃ》能く之《これ》を思量《しりょう》せよ」。

又云《またいわ》く、

『貞元入蔵録《じょうげんにゅうぞうろく》』の中《なか》に、始《はじ》め『大般若経《だいはんにゃきょう》』六百巻《かん》より『法常住経《ほうじょうじゅうきょう》』に終《おわ》るまで、顕密《けんみつ》[57]の大乗経総《だいじょうきょうそう》じて六百三十七部《ぶ》二千八百八十三巻也《かんなり》。皆須《みなすべから》く読誦大乗《どくじゅだいじょう》[58]の一句《く》に摂《せつ》すべし。当《まさ》に知《し》るべし、随他《ずいた》[59]の前《まえ》には、暫《しばら》

48 **天台**　天台宗。中国隋代初頭に、智者大師智顗により開宗された。智顗は諸経を総括し、『法華経』を最上と定めた。『法華玄義』『法華文句』により釈尊の一代聖教を講説し、『摩訶止観』により観心の実践を講説した。六祖妙楽大師湛然の弟子達の時代に、入唐した伝教大師最澄が、日本天台宗を確立した。最澄は『法華経』を根幹においたが、密教にも注目するようになり、阿弥陀信仰の隆盛もあって、最澄を取り巻く状況は混迷を深めた。

第二段の文（三）

49 **華厳**　『華厳経』を依り所とする宗派。中国の随、初唐時代に成立する。その歴史の長さ、範囲の広域さゆえに、教義はそれぞれに独立、発展し一定でない。日本においては、東大寺の建立に影響を与え、後に密教思想とも結合した。時代的、地域的に教義は大きな変容がある。その根本的特徴は、事物・事象が互いに障げなく交流・融合する「一切即一　一即一切」の縁起である。

第十二段の文（一）

50 **三論**　龍樹の『中論』『十二門論』と、提婆の『百論』に基づいて成り立つ宗派。日本には飛鳥時代に伝来した。生・滅の両極端に依らず中道を説き、あらゆるもの（一切）は因縁から生じ（因縁生法）、それ自体には固有の本性は無い、空（一切法空）であると説く。外道の論議を「一切法空」により破折する。

第十二段の文（二）

観無量寿経疏

く定散《じょうさん》の門《もん》を開《ひら》くと雖《いえど》も、随自《ずいじ》の後《のち》には、還《かえ》って定散《じょうさん》の門《もん》[60]を閉《と》ず。一《ひと》たび開《ひら》いて以後《いご》、永《なが》く閉《と》じざるは、唯是《ただこ》れ念佛《ねんぶつ》の一門《もん》[61]なり」。

又云《またいわ》く、

「念佛《ねんぶつ》の行者《ぎょうじゃ》、必《かなら》ず三心《さんじん》[62]を具足《ぐそく》すべきの文《もん》。『観無《かんむ》量寿経《りょうじゅきょう》』に云《いわ》く、同経《どうきょう》の疏《しょ》に云《いわ》く、『問《と》うて云《いわ》く、若《も》し解行《げぎょう》[63]の不同《ふどう》、邪雑《じゃぞう》の人《ひと》[64]等有《らあ》って、外邪異見《げじゃいけん》の難《なん》[65]を防《ふせ》がん。或《あるい》は行《い》くこと一分《ぶん》二分《ぶん》にして、群賊《ぐんぞく》等喚《よ》び廻《かえ》すとは、即《すなわ》ち別解《べつげ》・別行《べつぎょう》・悪見《あっけん》の人等《ひとら》に喩《たと》う』私《わたくし》に云《いわ》く、又此《またこ》の中《なか》に一切《いっさい》の別解《べつげ》・別行《べつぎょう》・異学《いがく》・異見《いけん》等と言《い》うは、是《こ》れ聖道門《しょうどうもん》を指《さ》すなり」已上。

又最後結句《またさいごけっく》の文《もん》に云《いわ》く、

「夫《そ》れ速《すみや》かに生死《しょうじ》を離《はな》れんと欲《ほっ》せば、二種《しゅ》の勝法《しょうぼう》[66]の中《なか》

---

51 **法相** 『解深密経』『成唯識論』などを所依とする宗派。中国の唐代の玄奘三蔵が伝えた。唯識（あらゆる存在はただ（唯）心（識）にすぎない）の立場から諸法のあり方（法の相）を究明する。わが国へは奈良時代、道昭より伝えられたのが初伝とされる。南都六宗の中の中心であり、「二乗方便、三乗真実」の立場をとる。

第八段の文

52 **地論** 地論宗のこと。中国十三宗の一つで、世親の『十地経論』を所依とする。唐代に興起した華厳宗に融合され、日本には伝わらなかった。

53 **摂論** 摂論宗のこと。中国十三宗の一つで、真諦訳の『摂大乗論』を中心とし、法相宗の興起とともに衰退し、日本には伝わらなかった。

54 **阿毘跋致** 不退と訳す。菩薩の修行が進んで、再び凡夫に退転することのない位をいう。

55 **正・雑二行** 正行と雑行の二つの行のこと。浄土門において浄土往生の行を二つに分けたもの。正行は、阿弥陀仏だけを信じて行う念仏修行をいい、それ以外の一切の修行・善業を雑行として否定する。

56 **世天** 天界と人界に住する神々をいう。諸天善神をいう

57 **顕密** 顕教と密教。顕露教と秘密教。

第十六段の文

58 **読誦大乗** 大乗経典を読誦すること。『観無量寿経』にみえる句で、往生を得るための諸行の一つの雑行であり、往生できるのは念仏の一

無量寿経

に、且《しばら》く聖道門《しょうどうもん》を閣《さしお》きて、選《えら》んで浄土門《じょうどもん》に入《い》れ。浄土門《じょうどもん》に入《い》らんと欲《ほっ》せば、正《しょう》・雑《ぞう》二行《ぎょう》の中《なか》に、且《しばら》く諸《もろもろ》の雑行《ぞうぎょう》を抛《なげう》ちて、選《えら》んで応《まさ》に正行《しょうぎょう》に帰《き》すべし」上已。

之《これ》に就《つ》いて之《これ》を見《み》るに、曇鸞《どんらん》・道綽《どうしゃく》・善導《ぜんどう》の謬釈《びゅうしゃく》を引《ひ》いて、聖道《しょうどう》・浄土《じょうど》、難行《なんぎょう》・易行《いぎょう》[67]の旨《むね》を建《た》て、法華《ほっけ》・真言《しんごん》、総《そう》じて一代《いちだい》の大乗《だいじょう》、六百三十七部《ぶ》二千八百八十三巻《かん》、一切《いっさい》の諸佛《しょぶつ》・菩薩《ぼさつ》、及《およ》び諸《もろもろ》の世天《せてん》等を以《もっ》て、皆《みな》聖道《しょうどう》・難行《なんぎょう》・雑行《ぞうぎょう》等に摂《せっ》して、或《あるい》は捨《す》て、或《あるい》は閉《と》じ、或《あるい》は閣《さしお》き、或《あるい》は抛《なげう》つ。此《こ》の四字《じ》を以《もっ》て、多《おお》く一切《いっさい》を迷《まよ》わし、剰《あまつさ》え三国《ごく》の聖僧《せいそう》・十方《じっぽう》の佛弟《ぶってい》を以《もっ》て、皆群賊《みなぐんぞく》と号《ごう》し、併《あわ》せて罵詈《めり》せしむ。近《ちか》くは所依《しょえ》の浄土三部経《じょうどさんぶきょう》の「唯五逆《ただごぎゃく》[68]と誹謗正法《ひぼうしょうぼう》とを除《のぞ》く」

行だけであるとする。

59 **随他**　随他意のこと。仏が説法する時、教えを受ける衆生の能力や素質に応じて説かれること。随他意語の略で、随情ともいう。仏の三語（随自・随他・随自他）の一つ。随自・随他は教判の基準の一つとして用いられ、教法の権実勝劣を論ずる時に、随自意は仏の本懐・真実の教え、随他意は方便の教えとされる。

60 **定散の門**　定善と散善。禅定の心における善と、散乱の心における善。『倶舎論』に見られる。

第二節　批判

第一　正しくその謗法を批判する

一　引文の趣旨を結する

61 **念仏の一門**　一門は生死を出る道、悟りにいたる唯一の道の意。往生浄土のための行が数多くあるうち、念仏行を唯一の行とすることをいう。

62 **三心**　三種のこころ。仏典中には種々の三心が説かれるが、普通には『観無量寿経』の三心をいう。極楽浄土に往生するために起こすべき三種の心の意で、至誠心・深心・回向発願心の三をいう。

63 **解行**　仏法に対する理解と修行。

二　法然上人の謗法を断定する

64 **邪雑の人**　邪見・雑行の人の意で、阿弥陀仏の本願を信じない人のこと。善導の主張で、法然上人が『選択集』に引用し、浄土門以外の

③ー124・125

の誓文《せいもん》に背《そむ》き、遠《とお》くは一代五時《いちだいごじ》[69]の肝心《かんじん》たる『法華経《ほけきょう》』の第《だい》二の「若《も》し人信《ひとしん》ぜずして此《こ》の経《きょう》を毀謗《きぼう》せん、乃至《ないし》、其《そ》の人《ひと》命終《みょうじゅう》して阿鼻獄《あびごく》に入《い》らん」の誡文《かいもん》に迷《まよ》う者也《なり》。於是《ここ》に代末代《よまつだい》に及《およ》び、人聖人《ひとせいじん》に非《あら》ず。各《おのおの》冥衢《みょうく》[70]に容《い》りて、並《ならび》に直道《じきどう》[71]を忘《わす》る。悲《かな》しい哉《かな》、瞳矇《どうもう》を樹《う》たず[72]。痛《いた》ましい哉《かな》、徒《いたずら》に邪信《じゃしん》を催《もよお》す。故《ゆえ》に上国王《かみこくおう》より下土民《しもどみん》に至《いた》るまで、皆《みな》、経《きょう》は浄土《じょうど》三部《ぶ》[73]の外《ほか》の経《きょう》無《な》く、佛《ほとけ》は弥陀《みだ》三尊《さんぞん》[74]の外《ほか》の佛《ほとけ》無《な》しと謂《おも》えり。仍《よっ》て伝教《でんぎょう》・義真《ぎしん》・慈覚《じかく》・智証《ちしょう》等、或《あるい》は万里《ばんり》の波濤《はとう》を渉《わた》りて渡《わた》せし所《ところ》の聖教《しょうぎょう》、或《あるい》は一朝《いっちょう》の山川《さんせん》を回《めぐ》りて崇《あが》むる所《ところ》の佛像《ぶつぞう》、もしは高山《こうざん》の巓《いただき》に華界《けかい》を建《た》ててもつて安置《あんち》し、若《も》しは深谷《しんこく》の底《そこ》に蓮宮《れんぐう》を起《た》てて以《もっ》て崇重《そうじゅう》す。釈迦《しゃか》・薬師《やくし》の光《ひかり》を並《なら》ぶるや、

人々すべてを指す。

65 **外邪異見の難** 正しい教えに背く誤った見解であるという非難。善導が浄土門に対する非難を指して述べた言葉。

66 **勝法** 勝れた法の意で、仏法、または仏法の中でも特に勝れた法をいう。

第二 因みにその影響を嘆く

一 念仏の隆盛を嘆く

67 **難行・易行** 難行道と易行道。浄土宗における教判で、此土入聖をめざして行う自力の諸善諸行を難行道、阿弥陀仏の本願を頼んで専ら念仏を修し、極楽に往生して修行得道するのを易行道とする。菩薩が阿惟越致（不退地）にいたるのに、久しく勤行精進する難行道と、信の方便により疾くいたるべき易行道とがあると説かれる。

二 正法の衰微を嘆く

68 **五逆** 五無間罪ともいう。無間地獄に堕ちる五種類の根本重罪。五種類とは「殺父」「殺母」「殺阿羅漢」「破和合僧」「出仏身血」のこと。

69 **一代五時** 釈尊一代五十年の教化を『華厳経』如来性起品の三照譬と『法華経』信解品の領解段と『涅槃経』の五味譬とを用いて、経典の内容と説法の目的によって五段階に整理し説明しようとする天台教学に基づく分類法のこと。

威《い》を現当《げんとう》[75]に施《ほどこ》し、虚空《こくう》・地蔵《じぞう》の化《け》を成《な》すや、益《やく》を生後《しょうご》に被《こうむ》らしむ。故《ゆえ》に国主《こくしゅ》は郡郷《ぐんごう》を寄《よ》せて以《もっ》て灯燭《とうしょく》を明《あきら》かにし、地頭《じとう》は田園《でんえん》を充《あ》てて以《もっ》て供養《くよう》に備《そな》う。而《しか》るを法然《ほうねん》の『選択《せんちゃく》』に依《よっ》て、則《すなわ》ち教主《きょうしゅ》を忘《わす》れて西土《さいど》の佛駄《ぶっだ》を貴《たっと》び、付属《ふぞく》[76]を抛《なげう》ちて東方《とうほう》の如来《にょらい》を閣《さしお》き、唯《ただ》四巻《かん》三部《ぶ》の経典《きょうてん》を専《もっぱ》らにして、空《むな》しく一代《いちだい》五時《じ》の妙典《みょうでん》を抛《なげう》つ。是《ここ》を以《もっ》て、弥陀《みだ》の堂《どう》に非《あら》ざれば皆供佛《みなくぶつ》の志《こころざし》を止《や》め、念佛《ねんぶつ》の者に非《あら》ざれば早《はや》く施僧《せそう》の懐《おもい》を忘《わす》る。故《ゆえ》に佛堂零落《ぶつどうれいらく》して瓦松《がしょう》[77]の煙老《けむりお》い、僧房荒廃《そうぼうこうはい》して庭草《ていそう》の露深《つゆふか》し。然《しか》りと雖《いえど》も、各《おのおの》護惜《ごしゃく》の心《こころ》を捨《す》てて、並《ならび》に建立《こんりゅう》の思《おもい》を廃《はい》す。是《ここ》を以《もっ》て住持《じゅうじ》の聖僧《せいそう》行《ゆ》きて帰《かえ》らず。守護《しゅご》の善神《ぜんじん》去《さ》りて来《きた》ること無《な》し。是《こ》れ偏《ひとえ》に法然《ほうねん》の『選択《せんちゃく》』に依《よ》る也《なり》。

悲《かな》しい哉《かな》、数十年の間、百千万の人、魔縁《まえん》に蕩《とろか》されて、

すなわち華厳時・鹿苑時・方等時・般若時・法華涅槃時の五時のこと。

70 **冥衢**　迷いの道。

71 **直道**　迂回しないで、まっすぐに涅槃に到達する道。

72 **瞳矇を樹たず**　瞳に膜がかかって見えないさま。「樹つ」とは膜に刺激を与え見えるようにすること。つまり間違いを指摘しないという意味。

73 **浄土三部**　阿弥陀仏とその浄土に関する代表的な三種の経典。『無量寿経』・『観無量寿経』・『阿弥陀経』。

74 **弥陀三尊**　阿弥陀如来と脇士の観音、勢至の二菩薩の三尊。

75 **現当**　現在と未来。この世と後の世。現世と来世。

76 **付属**　仏が教法の弘通を弟子に付託すること。付は物を与えること。属は事を付託すること。

77 **瓦松**　屋根の上に生える苔。堂塔はあっても香華の絶えたさまを「瓦松の煙老い」と表現する。

多《おお》く佛教《ぶっきょう》に迷《まよ》えり。傍《ぼう》を好《この》んで正《しょう》を忘《わす》る、善神怒《ぜんじんいか》りを成《な》さざらんや。円《えん》を捨《す》てて偏《へん》を好《この》む、悪鬼便《あっきたよ》りを得《え》ざらんや。如《し》かず、彼《か》の万祈《ばんき》を修《しゅ》せんより、此《こ》の一凶《いっきょう》を禁《きん》ぜんには。

コラム３　論文・経釈概略

『立正安国論』において日蓮聖人は、諸宗の論文、注釈書を多く用いられています。書名を知りながら、いかなる時代の、誰の撰述であり、どのような根拠で、どのような内容が述べられているか、調べることはなかなか無いと思います。このコラムでは、引用された書物の概略を掲載しました。

龍樹　りゅうじゅ

十住毘婆沙論　じゅうじゅうびばしゃろん

龍樹《りゅうじゅ》作、鳩摩羅什《くまらじゅう》訳。『華厳経《けごんぎょう》』の注釈書である本書は、三十五品からなり大乗菩薩行について説かれる。その三十五品中、「易行品第九《いぎょうほんだいく》」は、浄土思想の立場から重要視され、『華厳経《けごんぎょう》』の注釈書でありながら浄土教学者に珍重される。易行《いぎょう》とは大乗菩薩行に耐えかねる初心の修行者が三世諸佛、諸菩薩を称名し極楽往生を願うことと説かれる。

四論　しろん

四論宗所依《しょえ》の四つの論。『中観論《ちゅうかんろん》』四巻、龍樹造。『百論《ひゃくろん》』二巻、提婆造。『十二門論《じゅうにもんろん》』一巻、龍樹造。『大智度論《だいちどろん》』百巻、龍樹造。

天台宗　てんだいしゅう

摩訶止観　まかしかん

天台大師智顗《ちぎ》が説き、章安《しょうあん》尊者灌頂《かんじょう》が記す。法華三大部の一つ。『法華玄義《ほっけげんぎ》』・『法華文句《ほっけもんぐ》』により『法華経《ほけきょう》』の題目、文々句々を解説して行者に妙解を得させ、『止観《しかん》』により妙解を妙行に移す観心の方法を説く。

摩訶止観輔行伝弘決　まかしかんぶぎょうでんぐけつ

天台六祖荊渓《けいけい》尊者《そんじゃ》湛然《たんねん》の著。『止観弘決《しかんぐけつ》』ともいう。『摩訶止観《まかしかん》』の忠実な注釈書で、古来より最も重用されている。「輔行《ぶぎょう》」の意味は『摩訶止観《まかしかん》』に述べられている修行方策を、少しでも明らかにせんとする意味で、実践修行の妙行を明らかにすることが究極の目的である。

入唐巡礼記　にっとうじゅんれいき

詳しくは『入唐求法巡礼記《にっとうぐほうじゅんれいき》』という。慈覚大師円仁《じかくだいしえんにん》著。四巻。承和五年（八三八）より十年間、円仁《えんにん》の渡唐求法の巡礼記。当時の風俗をも伝える、貴重な資料である。

浄土宗　じょうどしゅう

往生論註　おうじょうろんちゅう

中国浄土宗の第一祖曇鸞《どんらん》法師の撰。『浄土論註《じょうどろんちゅう》』とも称する。世親《せしん》の『往生論《おうじょうろん》』に対する注釈書。まず龍樹《りゅうじゅ》の『十住毘婆沙論《じゅうじゅうびばしゃろん》』の易行品《いぎょうほん》の文を引いて難易二道《なんいにどう》の教判を立て、易行道《いぎょうどう》が浄土門《じょうどもん》であることを示す。ついで外道・凡夫・十悪五逆の悪人であっても、正法を誹謗しなければ極楽往生できると主張する。そして即得菩提の根拠としては阿弥陀佛の本願力にあると述べ、『無量寿《むりょうじゅ》経《きょう》』の四十八願中、

第十八願

「たとい、われ佛《ほとけ》となるを得《え》んとき、十方《じっぽう》の衆生《しゅじょう》、至心《ししん》に信楽《しんぎょう》して、わが国《くに》に生《う》まれんと欲《ほっ》して、乃至《ないし》、十念《じゅうねん》せん。もし、生《う》まれずんば正覚《しょうがく》を取《と》らじ。ただ、五逆《ごぎゃく》と正法《しょうぼう》を誹謗《ひほう》するものを除《のぞ》かん」

第十一願

「たとい、われ佛《ほとけ》となるを得《え》んとき、国中《こくじゅう》の人《にん》・天《てん》、定聚《じょうじゅ》に住《じゅう》し、必《かなら》ず滅度《めつど》に至《いた》らずんば、正覚《しょうがく》を取《と》らじ」

第二十二願

「たとい、われ佛《ほとけ》を得《え》んとき、他方《たほう》の佛土《ぶつど》のもろもろの菩薩衆《ぼさつしゅ》、わが国《くに》に来生《らいしょう》せば、究竟《くきょう》して、必《かなら》ず、一《いっ》生補処《しょうふしょ》に至《いた》らしめん。その本願《ほんがん》、自在《じざい》に化《け》せんとするところの、衆生《しゅじょう》のためのゆえに、弘誓《ぐぜい》の鎧《よろい》を被《かぶ》り、徳本《とくほん》を積累《しゃくるい》し、一切《いっさい》を度脱《どだつ》し、諸佛《しょぶつ》の国《くに》に遊《あそ》んで、菩薩《ぼさつ》の行《ぎょう》を修《しゅ》し、十方《じっぽう》もろもろの佛《ほとけ》・如来《にょらい》を供養《くよう》し、恒沙《ごうじゃ》の無量《むりょう》の衆生《しゅじょう》を開化《かいけ》して、無上正真《むじょうしょうしん》の道《どう》に立《りゅう》せしめ、常倫《じょうりん》に超出《ちょうしゅつ》して、諸地《しょじ》の行現前《ぎょうげんぜん》し、普賢《ふげん》の徳《とく》を修習《しゅしゅう》せんものを除《のぞ》く。もし、しからずんば、正覚《しょうがく》を取《と》らじ」

の三願をもって他力念佛往生の証としている。本書は中国、日本浄土宗に大きな影響を与えた。

安楽集　あんらくしゅう

中国浄土宗の二祖道綽《どうしゃく》禅師の撰。『観無量寿経《かんむりょうじゅきょう》』を中心に浄土三部経の要義を述べ、西方極楽往生を勧める書である。教・機・時より浄土教に帰することを勧め、往生浄土にたいする反論を破す。龍樹《りゅうじゅ》の難行道《なんぎょうどう》・易行道《いぎょうどう》の教判をあげて自力他力を分別し、一代聖教を聖道門《しょうどうもん》・浄土門《じょうどもん》に分ける。そして聖道門《しょうどうもん》は難行道《なんぎょうどう》であり末法の機には適さず、浄土門《じょうどもん》は易行道《いぎょうどう》であり末法の機に適すと論じ、阿弥陀佛に帰依し、佛名を称して極楽往生すべきことを勧めている。念佛のみが末法における佛道であることを主張する。

略称般舟讃（般舟讃）　りゃくしょうはんしゅうさん

中国浄土宗の三祖善導《ぜんどう》和尚の述。一巻。つぶさには『依《え》

観経等明般舟三昧行道往生讃《かんぎょうとうみょうはんしゅうさんまいぎょうどうおうじょうさん》』という。浄土三部経と『般舟三昧経《はんしゅうさんまいきょう》』による浄土の讃文によって、般舟三昧行道往生の法を説き明かす。

観無量寿経疏　かんむりょうじゅきょうしょ

善導《ぜんどう》の著。四巻。略して『観経疏《かんぎょうしょ》』といい、四巻から成るので『四帖疏《しじょうしょ》』ともいう。本書は浄土三部経の一つである『観無量寿経《かんむりょうじゅきょう》』を解釈したもので、玄義分・序分義・定善義・散善義の四巻から成る。

選択集　せんちゃくしゅう

法然《ほうねん》上人六十六才の書。一一九八年作。『選択本願念佛集《せんちゃくほんがんねんぶつしゅう》』という。浄土三部経、浄土祖師の要文を撰述した書。法然《ほうねん》上人以前の浄土宗は、諸経、諸行を認めていたが、この書において称名専修念佛《しょうみょうせんじゅねんぶつ》を主張し、その他を否定した。

※その他の引用

左伝　さでん

『春秋左氏伝《しゅんじゅうさしでん》』の略称。周の時代、魯国の歴史を記述したものを孔子が筆削したもの。

史記　しき

一三〇巻。前漢《ぜんかん》司馬遷《しばせん》の撰述。黄帝《こうてい》から前漢武帝《ぜんかんぶてい》まで、二千数百年間の歴史書。ただし事実を伝えるのみならず、司馬遷《しばせん》の抱く理想を出来事にあてはめているため、資料としては注意が必要。

貞元入蔵録　じょうげんにゅうぞうろく

『貞元新定釈目録《じょうげんしんていしゃくもくろく》』三十巻のうちの二十九巻、三十巻に収録されている目録。唐の貞元十六年（八〇〇年）に撰述された経録。後漢（六七年）より貞元十六年までに翻訳・撰述された、経律論、賢聖の著作などの目録と、翻訳者・撰述者の略伝が記載される。

第五問　国難の原因を疑う

第一章　念佛の弘布を述べる

客殊《きゃくこと》に色《いろ》を作《な》して曰《いわ》く、我《わ》が本師釈迦文《ほんししゃかもん》[1]、浄土《じょうど》の三《さん》部経《ぶきょう》を説《と》きたもうてより以来《このかた》、曇鸞法師《どんらんほっし》は四論《しろん》の講説《こうせつ》を捨《す》てて一向《いっこう》に浄土《じょうど》に帰《き》し、道綽禅師《どうしゃくぜんじ》は『涅槃《ねはん》』の広業《こうごう》を閣《さしお》きて偏《ひとえ》に西方《さいほう》の行《ぎょう》を弘め、善導和尚《ぜんどうわじょう》は雑行《ぞうぎょう》を抛《なげう》ちて専修《せんじゅ》を立《た》て、恵心僧都《えしんそうず》は諸経《しょきょう》の要文《ようもん》を集《あつ》めて念佛《ねんぶつ》の一行《いちぎょう》を宗《しゅう》とす。弥陀《みだ》を貴重《きちょう》すること誠《まこと》に以《もっ》て然《しか》なり。又往生《またおうじょう》の人それ幾《いく》ばくぞ哉《や》。

1　**釈迦文**　釈迦牟尼佛の略。

第二章　法然上人の盛徳を讃する

就中《なかんずく》、法然聖人《ほうねんしょうにん》は幼少《ようしょう》にして天台山《てんだいさん》に昇《のぼ》り、十七にして六十巻《かん》に渉《わた》り、並《ならび》に八宗《しゅう》を究《きわ》め、具《つぶ》さに大意《たいい》を得《え》たり。其《そ》の外《ほか》、一切《いっさい》の経論七遍反覆《きょうろんしちへんはんぷく》し、章疏伝記《しょうじょでんき》究《きわ》め看《み》ざること莫《な》く、智《ち》は日月《にちがつ》に斉《ひと》しく、徳《とく》は先師《せんし》に越《こ》えたり。然《しか》りと雖《いえど》も、猶《な》お出離《しゅつり》の趣《おもむ》きに迷《まよ》い、涅槃《ねはん》の旨《むね》を弁《わきま》えず。故《ゆえ》に遍《あまね》く見《み》、悉《ことごと》く鑒《かんが》み、深《ふか》く思《おも》い、遠《とお》く慮《おもんばか》かり、遂《つい》に諸経《しょきょう》を抛《なげう》ちて、専《もっぱ》ら念佛《ねんぶつ》を修《しゅ》す。其《そ》の上《うえ》、一夢《いちむ》の霊応《れいおう》を蒙《こうむ》り、四裔《しえい》の親疎《しんそ》[2]に弘《ひろ》む。故《ゆえ》に或《あるい》は勢至《せいし》の化身《けしん》と号《ごう》し、或《あるい》は善導《ぜんどう》の再誕《さいたん》と仰《あお》ぐ。然《しか》れば則《すなわ》ち、十方《じっぽう》の貴賤《きせん》頭《こうべ》を低《た》れ、一朝《ちょう》の男女《なんにょ》歩《あゆみ》を運《はこ》ぶ。爾《しか》しより来《このかた》、春秋《しゅんじゅう》推《お》し移《うつ》り星霜《せいそう》相《あ》い積《つも》れり。

而《しか》るに忝《かたじけな》くも釈尊《しゃくそん》の教《おし》えを疎《おろそ》かにして、恣《ほしいまま》に弥陀《みだ》の文《もん》を譏《そし》る。何《なん》ぞ近年《きんねん》の災《わざわい》を以《もっ》て聖代《せいだい》の時《とき》に課《おお》せ、強《しい》て先師《せんし》を毀《そし》り、更《さら》に聖人《しょうにん》を罵《ののし》るや。毛《け》を吹《ふ》きて疵《きず》を求《もと》め、皮《かわ》を剪《き》りて血《ち》を出《いだ》す。昔《むかし》より今《いま》に至《いた》るまでかくのごとき悪言《あくごん》未《いま》だ見《み》ず。惶《おそ》るべく慎《つつし》むべし。罪業《ざいごう》至《いた》って重《おも》し。科条争《かじょういか》でか遁《のが》れん。対座《たいざ》猶《な》お以《もっ》て恐《おそ》れ有《あ》り、杖《つえ》を携《たずさ》えて則《すなわ》ち帰《かえ》らんと欲《ほっ》す。

主人《しゅじん》咲《え》み止《とど》めて曰《いわ》く、辛《から》きを蓼葉《りょうよう》に習《なら》い[3]、臭《くさ》きを溷厠《こんし》[4]

2　**四裔の親疎**　世の中の一切の人をいう。「裔」は衣の裾を意味し、「四裔」は四方の遠い果てを指しこの世のすべてを意味する。「親疎」は親密なもの、疎遠なものをさし、すべての人を意味する。

第三章　法然上人の謗法を否定する

第五答　国難の原因を決する

に忘《わす》る。善言《ぜんごん》を聞《き》きて悪言《あくごん》と思《おも》い、謗者《ほうしゃ》を指《さ》して聖人《しょうにん》と謂《い》い、正師《しょうし》を疑《うたご》うて悪侶《あくりょ》に擬《ぎ》す。其《そ》の迷《まよ》い誠《まこと》に深《ふか》く、其《そ》の罪浅《つみあさ》からず。

事《こと》の起《おこ》りを聞《き》け。委《くわ》しく其《そ》の趣《おもむ》きを談《だん》ぜん。釈尊説法《しゃくそんせっぽう》の内《うち》、一代五時《いちだいごじ》の間《あいだ》、先後《せんご》を立《た》てて権実《ごんじつ》[5]を弁《べん》ず。而《しか》るに曇鸞《どんらん》・道綽《どうしゃく》・善導《ぜんどう》、既《すで》に権《ごん》に就《つ》いて実《じっ》を忘《わす》れ、先《さき》に依《よ》って後《のち》を捨《す》つ。未《いま》だ佛教《ぶっきょう》の淵底《えんてい》を探《さぐ》らざる者なり。就中《なかんずく》、法然《ほうねん》其《そ》の流《なが》れを酌《く》むと雖《いえど》も其《そ》の源《みなもと》を知《し》らず。所以《ゆえ》は何《いか》ん。大乗経《だいじょうきょう》六百三十七部《ぶ》二千八百八十三巻《かん》、並《ならび》に一切《いっさい》の諸佛菩薩《しょぶつぼさつ》、及《およ》び諸《もろもろ》の世天《せてん》等を以《もっ》て捨閉閣抛《しゃへいかくほう》[6]の字《じ》を置《お》いて、一切衆生《いっさいしゅじょう》の心《こころ》を薄《おか》す。是《こ》れ偏《ひとえ》に私曲《しきょく》[7]の詞《ことば》を展《の》べて、全《まった》く佛経《ぶっきょう》の説《せつ》を見《み》ず。妄語《もうご》の至《いた》り、悪口《あっく》の科《とが》、言《い》いても比《たぐ》い無《な》く、責《せ》めても余《あま》り有《あ》り。人皆其《ひとみなそ》の妄語《もうご》を信《しん》

第一章　客の迷いを諭す

3　**辛きを蓼葉に習い**　香辛料として生食するたでの葉になぞらえ、非常に辛いさまを譬える。

4　**溷厠**　便所。不浄のところ。

第二章　謗法の相を決する

5　**権実**　権とは、時と場所に応じて仮に手だてとして設けられたものの意。実とは、真実究極のものの意。

6　**捨閉閣抛**　法然上人が『選択集』において、念佛だけが末法相応の教えであることを説いて、念佛以外のすべての教えと修行を否定した語。

7　**私曲**　自分の利益だけを考えて、不正の行いをすること。よこしまな行為。

じ、悉《ことごと》く彼《か》の『選択《せんちゃく》』を貴《とうと》ぶ。故《ゆえ》に浄土《じょうど》の三経《さんきょう》を崇《あが》めて衆経《しゅきょう》を抛《なげう》ち、極楽《ごくらく》の一佛《ぶつ》を仰《あお》ぎて諸佛《しょぶつ》を忘《わす》る。誠《まこと》に是《こ》れ諸佛《しょぶつ》・諸経《しょきょう》の怨敵《おんてき》、聖僧《せいそう》・衆人《しゅにん》の讎敵《しゅうてき》なり。此《こ》の邪教広《じゃきょうひろ》く八荒《はっこう》に弘《ひろ》まり、周《あまね》く十方《じっぽう》に遍《へん》す。

抑《そもそ》も近年《きんねん》の災《わざわい》を以《もっ》て往代《おうだい》を難《なん》ずるの由《よし》、強《あなが》ちに之《こ》れを恐《おそ》る。聊《いささ》か先例《せんれい》を引《ひ》いて汝《なんじ》の迷《まよ》いを悟《さと》すべし。

摩訶止観

『止観《しかん》』の第《だい》二に『史記《しき》』を引《ひ》いて云《いわ》く、

「周《しゅう》の末《すえ》に被髪祖身《ひはったんしん》[8]にして、礼度《れいど》に依《よ》らざる者有《あ》り」。

『弘決《ぐけつ》』の第《だい》二に此《こ》の文《もん》を釈《しゃく》するに、『左伝《さでん》』を引《ひ》いて曰《いわ》く、

止観輔行伝弘決

「初《はじ》め平王《へいおう》の東遷《とうせん》するや、伊川《いせん》に髪《かみ》を被《こうむ》る者、野《の》において祭《まつ》るを見《み》る。識者《しきしゃ》の曰《いわ》く、『百年に及《およ》ばじ、其《そ》の礼先《れいま》ず亡《ほろ》びん』」と。

第三章　国難の因を決する

第一節　序言

第二節　引例

第一　台荊の釈を引く

8 **被髪祖身**　髪を乱し、衣を着ないこと。

爰《ここ》に知《し》りぬ。徴《しるし》前《さき》に顕《あら》われ、災《わざわ》い後《のち》に致《いた》ることを。又《また》、「阮籍《げんせき》、逸才《いっさい》にして蓬頭散帯《ほうとうさんたい》[9]す。後《のち》に公卿《こうけい》の子孫《しそん》皆之《みなこれ》に教《なら》い、奴苟《どこう》[10]相辱《あいはずか》しむる者を方《まさ》に自然《じねん》に達《たっ》すといい、撙節《そんせつ》競持《きょうじ》する者[11]を呼《よ》んで田舎《でんしゃ》[12]と為《な》す。司馬氏《しばし》の滅《ほろ》ぶる相《そう》と為《な》す」已上。

又《また》慈覚大師《じかくだいし》の『入唐巡礼記《にっとうじゅんれいき》』を案《あん》ずるに云《いわ》く、「唐《とう》の武宗皇帝《ぶそうこうてい》の会昌《えしょう》[13]元年、勅《ちょく》して章敬寺《しょうきょうじ》[14]の鏡霜《きょうそう》法師《ほっし》をして、諸寺《しょじ》において弥陀念仏《みだねんぶつ》の教《おしえ》を伝《つた》えしむ。寺毎《てらごと》に三日巡輪《じゅんりん》すること絶《た》えず。同二年、回鶻国《かいこつこく》[15]の軍兵《ぐんぴょう》等、唐《とう》の堺《さかい》を侵《おか》す。同三年、河北《かほく》の節度使《せつどし》[16]忽《たちま》ち乱《らん》を起《おこ》す。其《そ》の後《のち》、大蕃国《だいばんこく》[17]また命《めい》を拒《こば》み、回鶻国《かいこつこく》重《かさ》ねて地《ち》を奪《うば》う。凡《およ》そ兵乱《ひょうらん》は秦項《しんこう》[18]の代《よ》に同《おな》じく、災火《さいか》は邑里《ゆうり》[19]の際《さい》に起《おこ》る。何《いか》に況《いわん》や、武宗《ぶそう》大《おおい》に佛法《ぶっぽう》を破《は》し、多《おお》く寺塔《じとう》を滅《めっ》す。乱《らん》を揆《おさ》

9　**蓬頭散帯**　つねに髪をのばし、帯も締めずに生活すること。

10　**奴苟**　「奴」は身分の低い下男下女。「苟」は軽率で礼儀無く、賤しい言動のことをいう。

11　**撙節競持する者**　礼儀を守り慎み深い者。

12　**田舎**　いなか者。

第二　慈覚大師の記を引く

13　**会昌**　唐の武宗皇帝の治世八四一年から八四六年までの六年間。

14　**章敬寺**　唐の長安にある寺院。

15　**回鶻国**　蒙古・トルキスタンに活躍したトルコ系民族ウイグルの部族国家。安史の乱に介入し唐に対しても威勢をふるった。

16　**節度使**　唐代後半に北方民族の侵入を防ぐため、辺境に大軍を配し、その長を節度使といった。安史の乱以後は、武人政治の様相を呈して唐朝衰退の一因となった。

17　**大蕃国**　チベットを指す。吐蕃とも書く。

18　**秦項**　中国の始皇帝の秦朝と、それを滅ぼした楚の項羽の時代のこと。漢の劉邦の時代まで戦乱は収まらなかった。

19　**邑里**　村里。村落のこと。

郵便はがき

料金受取人払郵便

天王寺局
承認
65

差出有効期間
2020年11月25日まで

(有効期間中
切手不要)

5438790

(受取人)
大阪市天王寺区逢阪二の三の二

東方出版 愛読者係 行

〒

●ご住所

TEL

●ご氏名《ふりがな》

FAX

●購入申込書（小社へ直接ご注文の場合は送料が必要です）

書名		本体価格	部数
書名		本体価格	部数

ご指定書店名	取次	
住所		

愛読者カード

●ご購読ありがとうございます。このハガキにご記入いただきました個人情報は、ご愛読者名簿として長く保存し、またご注文品の配送、確認のための連絡、小社の出版案内のために使用し、他の目的のための利用はいたしません。

●お買上いただいた書籍名

●お買上書店名

県　　　郡・市　　　書店

●お買い求めの動機（○をおつけください）

1. 新聞・雑誌広告（　　　　）　2. 新聞・雑誌記事（　　　　）

3. 内容見本を見て　4. 書店で見て

5. ネットで見て（　　　　）　6. 人にすすめられて

7. 執筆者に関心があるから　8. タイトルに関心があるから

9. その他（　　　　）

●ご自身のことを少し教えてください

ご職業　　　年齢　　歳　　男・女

ご購読の新聞・雑誌名

メールアドレス（Eメールによる新刊案内をご希望の方はご記入ください）

通信欄（本書に関するご意見、ご感想、今後出版してほしいテーマ、著者名など）

むること能《あた》わずして、遂《つい》に以《もっ》て事《こと》あり」已上。取意

此《こ》れを以《もっ》て之《こ》れを惟《おも》うに、法然《ほうねん》は後鳥羽院《ごとばいん》の御宇《ぎょう》、建仁年中《けんにんねんちゅう》の者也《なり》。彼《か》の院《いん》の御事既《おんことすで》に眼前《がんぜん》に在《あ》り。然《しか》れば則《すなわ》ち、大唐《だいとう》に例《れい》を残《のこ》し、吾《わ》が朝《ちょう》に証《しょう》を顕《あら》わす。汝疑《なんじうたが》うことなかれ、汝怪《なんじあや》しむこと莫《な》かれ。唯須《ただすべか》らく凶《きょう》を捨《す》てて善《ぜん》に帰《き》し、源《みなもと》を塞《ふさ》ぎ根《ね》を截《き》るべし。

客聊《きゃくいささ》か和《やわら》ぎて曰《いわ》く、未《いま》だ淵底《えんてい》を究《きわ》めざれども、数其《ほぼそ》の趣《おもむ》きを知《し》る。但《ただ》し華洛《からく》[20]より柳営《りゅうえい》[21]に至《いた》るまで、釈門《しゃくもん》に枢楗《すうけん》[22]在《あ》り、佛家《ぶっけ》に棟梁《とうりょう》在《あ》り。然《しか》れども未《いま》だ勘状《かんじょう》を進《まい》らせず。上奏《じょうそう》に及《およ》ばず。汝賤身《なんじせんしん》を以《もっ》て、輙《たやす》く莠言《ゆうげん》[23]を吐《は》く。其《そ》の義余《ぎあま》り有《あ》り、其《そ》の理謂《りいわれ》無《な》し。

主人《しゅじん》の曰《いわ》く、予少量《よしょうりょう》為《た》りと雖《いえど》も、忝《かたじけな》くも大乗《だいじょう》を学《がく》す。蒼蠅《そうよう》[24]、驥尾《きび》[25]に附《ふ》して万里《ばんり》を渡《わた》り、碧羅《へきら》[26]、松頭《しょうとう》に懸《かか》

20　**華洛**　都のこと。日本では京都を洛陽といい、華洛は京都の異称。また、朝廷の意味にも使われる

21　**柳営**　将軍の陣営。幕府のこと。

22　**枢楗**　「枢」は戸を開閉するときの要。「楗」はかんぬき。大事な、肝要なの意味。

23　**莠言**　莠は田に生える雑草。悪い言葉。害のある言葉。

りて千尋《せんじん》[27]を延《の》ぶ。弟子《でし》一佛《いちぶつ》の子《こ》と生《う》まれ、諸経《しょきょう》の王《おう》に事《つか》う。何《なん》ぞ佛法《ぶっぽう》の衰微《すいび》を見《み》て、心情《しんじょう》の哀惜《あいせき》を起《おこ》さざらんや。

其《そ》の上《うえ》『涅槃経《ねはんぎょう》』に云《いわ》く、

「若《も》し善比丘《ぜんびく》ありて、法《ほう》を壊《やぶ》る者を見《み》て、置《お》いて呵責《かしゃく》し駈遣《くけん》[28]し挙処《こしょ》[29]せずんば、当《まさ》に知《し》るべし、是《こ》の人は佛法《ぶっぽう》の中《なか》の怨《あだ》なり。若《も》し能《よ》く駈遣《くけん》し呵責《かしゃく》し挙処《こしょ》せば、是《こ》れ我《わ》が弟子《でし》、真《しん》の声聞也《しょうもんなり》」。

余《よ》、善比丘《ぜんびく》の身為《みた》らずと雖《いえど》も、『佛法中怨《ぶっぽうちゅうおん》』の責《せめ》を遁《のが》れんが為《ため》に、唯大綱《ただたいこう》[30]を撮《と》って粗一端《ほぼいったん》を示《しめ》す。

其《そ》の上《うえ》、去《い》ぬる元仁年中《げんにんねんちゅう》に、延暦《えんりゃく》・興福《こうふく》の両寺《りょうじ》より、度度奏聞《たびたびそうもん》を経《へ》て、勅宣《ちょくせん》・御教書《みきょうしょ》[31]を申《もう》し下《くだ》して、法然《ほうねん》の『選択《せんちゃく》』の印板《いんばん》[32]を大講堂《だいこうどう》に取《と》り上《あ》げ、三世《さんぜ》の佛恩《ぶっおん》を報《ほう》ぜんが為《ため》に、之《こ》れを焼失《しょうしつ》せしめ、法然《ほうねん》の墓所《ぼしょ》においては、

---

24 **蒼蝿** あおばえ。

25 **驥尾** 駿馬の尾。または駿馬の後方。

26 **碧羅** 緑色の青々としたかずら。

27 **千尋** 尋は長さの単位で、成人男性が両手を左右に広げた時の、指先から指先までの長さをいう。その長さは一定ではないが、約一・三メートルないし一・八メートルくらい。「千尋」とは、非常に長大であることの譬え。

28 **駈遣** 追い出す。追放する。

29 **挙処** 律にのっとり、罪をはっきりと明示し追求すること。

30 **大綱** 大まかな内容。

31 **御教書** 摂政、関白の政治時代から始まった公式文書の一つ。三位以上の公卿の家司が上意を奉じてだしたもの。この形式は鎌倉、室町幕府時代にも取り入れられ、執権などが将軍の上意を出す。

32 **印板** 法然上人の著『選択集』の板木を指す。法然上人は建暦二年一月入滅したが、その直後の同年九月、『選択集』がはじめて出版された。この出版により従来詳細に知り得なかった教義が明確となり、また浄土宗の教勢が法然上人滅後盛んになったことも加わり、既成教団の攻撃はいっそう強まった。ついに法然上人滅後十五年の嘉禄三年、延暦寺は『選択集』の版本を取り上げるとともに、その板木を焼いた。

感神院《かんじんいん》[33]の犬神人《いぬじにん》[34]に仰《おお》せ付《つ》けて破却《はきゃく》せしむ。其《そ》の門弟《もんてい》、隆観《りゅうかん》・聖光《しょうこう》・成覚《じょうがく》・薩生《さっしょう》等は遠国《おんごく》に配流《はいる》せられ、其《そ》の後《のち》未《いま》だ御勘気《ごかんき》を許《ゆる》されず。豈《あに》、未《いま》だ勘状《かんじょう》を進《まい》らせずと云わん也《や》。

33　**感神院**　延暦寺配下の祇園神社。
34　**犬神人**　祇園神社の身分の低い神人で、境内の掃除や、弓矢弦を作って業となし、祭礼の時には御輿をかついだ。

コラム4　浄土宗各師

中国浄土宗各師

曇鸞法師　どんらんほっし

曇鸞法師

四七六～五四二。中国浄土宗の祖。浄土五祖の第一祖。幼時に出家し、内外の典籍を研鑽し、特に四論（中論《ちゅうろん》、百論《ひゃくろん》、十《じゅう》二《に》門《もん》論《ろん》、大《だい》智《ち》度《ど》論《ろん》）の宗義を深め後世、四論宗の祖とされる。『大集経《だいじっきょう》』の注釈を志したが、半ばにして病に倒れ不老不死を求め『仙経《せんきょう》』を学ぶ。五十一歳の時、菩提流支《ぼだいるし》に会い『観無《かんむ》量寿経《りょうじゅきょう》』を授かり、仏教こそ長生不老の法であることを知り『仙経《せんきょう》』を捨て、これより深く浄土教に帰依した。『往生論註《おうじょうろんちゅう》』を著し「難行道《なんぎょうどう》・易行道《いぎょうどう》」を立てる。曇鸞の浄土教を第一とする難行易行は、法然上人の浄土教の成立に影響を及ぼした。

道綽禅師　どうしゃくぜんじ

五六二～六四五。浄土五祖の第二祖。唐の僧。十四歳で出家し経論の研鑽に努める。609年、玄中寺で曇鸞の碑文を見てその遺徳を慕い、同寺にとどまり浄業に励んだ。称名念仏を日に七万遍、種々の霊異を現し、僧俗の信仰を集め、『観《かん》無《む》量《りょう》寿《じゅ》経《きょう》』を講じること二〇〇遍に及んだ。道綽は、『安楽集《あんらくしゅう》』を著し、仏一代の仏教を「聖道門《しょうどうもん》・浄土門《じょうどもん》」に分け、末法における衆生救済は浄土一門に限ると説き、浄土宗を独立させた。法然上人の浄土宗開創に大きな影響を及ぼし、『選択集《せんちゃくしゅう》』では『安楽集《あんらくしゅう》』の引用に始まり、専修念仏の主張が展開される。

導綽禅師

善導和尚　ぜんどうわじょう

善導和尚

六一三～六八一。曇鸞法師、道綽禅師の流れをくむ中国浄土教の大成者で、浄土五祖の第三祖。幼少で出家し、『法華《ほけ》経《きょう》』『維摩《ゆいま》経《きょう》』等を学ぶ。そして各地で求法求道を重ね『観《かん》無《む》量《りょう》寿《じゅ》経《きょう》』を得て、出離解脱の要門とした。その後、道綽禅師の教えを乞い、深く浄土教の念仏に帰依した。道綽禅師の滅後に長安へ移り、念仏の教えを説き『阿弥陀経《あみだきょう》』を書写して有縁の人々に与えること数万巻に及んだという。善導和尚が浄土教史上において果たした役割は、行において五種正行の中で称名念仏の一行を「正定業《しょうじょうごう》」とし、他を「助業《じょごう》」とし、信において『観経《かんきょう》』の三心を解釈して阿弥陀仏の光明・名号の実践的宗教的意義を明らかにし、二種深信を説いて仏意に信順することを明らかにした「雑行《ぞうぎょう》・正行《しょうぎょう》」を立てたことにある。また、日本の浄土教では、法然上人は「偏依善導《へんねぜんどう》」を標榜して専修念仏を提唱し、親鸞聖人は七高僧の第五に数えるなど、善導和尚が与えた影響は大きい。善導和尚の臨終については、光明寺前の柳の木の上に登り口に念仏を唱え、合掌し極楽往生を望み木の上より飛び降りて死したと伝えられている。

日本浄土宗各師

慧心僧都源信　えしんそうずげんしん

九四二〜一〇一七。平安中期の天台僧で、天台慧心流の祖とされた。『往生《おうじょう》要集《ようしゅう》』は、末法思想の流行とともに大きな影響を与え、浄土教の基礎を築いた。九歳の時に比叡山に登り良源に師事し、十三歳で得度。十五歳にして法華八講の師に任ぜられ学才の誉れ高く、顕密二教を学び天台教学を究めたが、名利を嫌っていつしか横川に隠棲した。四十三歳のとき起草し翌年完成した『往生《おうじょう》要集《ようしゅう》』は、師匠の良源の天台法華と念仏の融合思想を継承発展させ、「厭離穢土《おんりえど》・欣求浄土《ごんぐじょうど》」の念仏最勝を説いた。本書は、浄土教に関する日本最初の体系的組織的な著述で、鎌倉時代の浄土宗の興隆に大きな影響を与えた。寛弘三年に著述した『一乗要決《いちじょうようけつ》』は、インド、中国、朝鮮、日本に亘る仏教教学史上の問題を解決しようとしたもので、仏性《しょう》論争を内含しながら、天台教学による法華の一乗思想、すなわち「一切衆生《いっさいしゅじょう》・悉有仏性《しつうぶっしょう》・一切《いっさい》皆成《かいじょう》」を強調し、法相教学の説く「五性各別《ごしょうかくべつ》」「三乗《さんじょう》真実《しんじつ》・一乗方便《いちじょうほうべん》」を批判し、「一乗真実《いちじょうしんじつ》・三乗方便《さんじょうほうべん》」の教義を確立し三一権実論争《さんいちごんじつろんそう》に終止符を打ったと位置づけられる。さらに、『観心略要集《かんじんりゃくようしゅう》』などを著して念仏の実践に精進している。

永観上人　ようかんしょうにん

一〇三三〜一一一一。「えいかん」とも。南都東大寺の僧。長久四年（一〇四二）一一歳のとき禅林寺の深観に師事。翌年出家し、東大寺で具足戒を受ける。永観上人は、東大寺三論宗に属したが、三論宗にはすでに奈良時代以来浄土教研究学の伝統があり、永観上人はこの実践化を進めた。諸宗に通じており一生の間、顕密の行業が多かったが、早くから念仏の行をはじめ、とりわけ多量の称名念仏を行ったので、晩年には声がかれて口称できず、観想念仏をするに至ったといわれる。衆生教化と福祉活動を通じて浄土教の流布につとめ、『往生十因《おうじょうじゅういん》』『往《おう》生講式《じょうこうしき》』などを著した。

客《きゃく》則《すなわ》ち和《やわら》ぎて曰《いわ》く、経《きょう》を下《くだ》し僧《そう》を謗《ほう》ずること、一人として論《ろん》じ難《がた》し。然《しか》れども大乗経《だいじょうきょう》六百三十七部《ぶ》二千八百八十三巻《かん》、並《ならび》に一切《いっさい》の諸佛《しょぶつ》・菩薩《ぼさつ》、及《およ》び諸《もろもろ》の世天《せてん》等を以《もっ》て、捨《しゃ》・閉《へい》・閣《かく》・抛《ほう》の四字に載《の》す。其《そ》の詞《ことば》勿論也《もちろんなり》。其《そ》の文顕然也《もんけんねんなり》。此《こ》の瑕瑾《かきん》1を守《まも》りて、其《そ》の誹謗《ひぼう》を成《な》す。迷《まよ》うて言《い》うか、覚《さと》りて語《かた》るか。賢愚《けんぐ》弁《わきま》えず、是非《ぜひ》定《さだ》め難《がた》し。但《ただ》し災難《さいなん》の起《おこ》りは選択《せんちゃく》に因《よ》るの由《よし》、盛《さか》んに其《そ》の詞《ことば》を増《ま》し、弥《いよい》よ其《そ》の旨《むね》を談《だん》ず。所詮《しょせん》、天下泰平国土安穏《てんかたいへいこくどあんのん》は君臣《くんしん》の楽《ねが》う所《ところ》、土民《どみん》の思《おも》う所也《ところなり》。夫《そ》れ国《くに》は法《ほう》に依《よ》って昌《さか》え、法《ほう》は人《ひと》に因《よ》って貴《たっと》し。国亡《くにほろ》び人滅《ひとめっ》せば、佛《ほとけ》を誰《たれ》か崇《あが》むべき、法《ほう》を誰《たれ》か信《しん》ずべきや。先《ま》ず国家《こっか》を祈《いの》りて、須《すべから》く佛法《ぶっぽう》を立《た》つべし。若《も》し災《さい》を消《け》し、難《なん》を止《とど》むるの術《じゅっ》有《あ》らば、聞《き》かんと欲《ほっ》す。

1　**瑕瑾**　きず、欠点、短所、恥。「瑕」は玉のきず、「瑾」は美しい玉の意。

主人《しゅじん》の曰《いわ》く、余《よ》は是《こ》れ頑愚《がんぐ》にして、敢《あえ》て賢《けん》を存《ぞん》せず。唯《ただ》経文《きょうもん》に就《つい》て聊《いささ》か所存《しょぞん》を述《の》べん。抑《そもそ》も治術《ちじゅつ》の旨《むね》、内外《ないげ》の間《あいだ》、其《そ》の文《もん》幾多《いくばく》ぞや。具《つぶ》さに挙《あ》ぐべきこと難《かた》し。但《ただ》し佛道《ぶつどう》に入《い》つて、数《しばし》愚案《ぐあん》を廻《めぐ》らすに、謗法《ほうぼう》の人を禁《いまし》めて、正道《しょうどう》の侶《りょ》を重《おも》んぜば、国中安穏《こくちゅうあんのん》にして天下泰平《てんかたいへい》ならん。

即《すなわ》ち『涅槃経《ねはんぎょう》』に云《いわ》く、

「佛《ほとけ》の言《のたまわ》く、唯一人《ただいちにん》を除《のぞ》きて余《よ》の一切《いっさい》に施《ほどこ》さば、皆《みな》讃歎《さんだん》すべし。純陀《じゅんだ》問《と》うて言《いわ》く、云何《いか》なるをか名《な》づけて『唯除一人《ゆいじょいちにん》』と為《な》す。佛《ほとけ》の言《のたまわ》く、此《こ》の経《きょう》の中《なか》に説《と》く所《ところ》の如《ごと》きは破戒《はかい》なり。純陀《じゅんだ》、復言《またいわ》く、我《わ》れ今未《いまいま》だ解《げ》せず。唯願《ただねが》わくは之《これ》を説《と》きたまえ。佛《ほとけ》、純陀《じゅんだ》に語《かた》りて言《のたまわ》く、破戒《はかい》とは謂《いわ》く、一闡提《いっせんだい》[2]なり。其《そ》の余《よ》の在所一切《あらゆるいっさい》に布施《ふせ》するは、皆讃歎《みなさんだん》すべし。大果報《だいかほう》を獲《え》ん。純陀《じゅんだ》、復問《またと》いたて

第七答　国難の対治を答える
第一章　対治の要法を示す
第二章　対治の経証を引く
第一節　謗人禁断の経証
第一　謗法の人の施を禁ずべしとの経証

2　**一闡提**　末代の悪世の凡夫の一つで、無宗教の謗法無佛性の謗人。梵語イッチャンティカの音写。信不具足。断善根と訳す。『大乗涅槃経』では、四重禁、五無間罪を犯す極悪者の成仏を認めながら、一闡提のみは不成仏とはじめ説いている。そして後半では、仏性を有するゆえに信による一闡提の成仏を主張するに至る。また『涅槃経』には、末世の悪比丘が、いたずらに経典を作りかえ、利養のために法を説き、非法の財物を蓄える等の腐敗堕落の所行を挙げるとある。

まつる。一闡提《いっせんだい》とは其《そ》の義云何《ぎいかん》。佛《ほとけ》の言《のたまわ》く、純陀《じゅんだ》、若《も》し比丘《びく》及《およ》び比丘尼《びくに》・優婆塞《うばそく》・優婆夷《うばい》有《あ》って、麁悪《そあく》[3]の言《ことば》を発《はっ》し、正法《しょうぼう》を誹謗《ひぼう》し、是《こ》の重業《じゅうごう》を造《つく》りて永《なが》く改悔《かいげ》せず、心《こころ》に懺悔《さんげ》無《な》からん。是《かく》の如《ごと》き等《ら》の人を名《な》づけて一闡提《いっせんだい》の道《どう》に趣向《しゅこう》すと為《な》す。若《も》し四重《しじゅう》[4]を犯《おか》し、五逆罪《ごぎゃくざい》を作《つく》り、自《みずか》ら定《さだ》めて是《かく》の如《ごと》き重事《じゅうじ》を犯《おか》すと知《し》れども、而《しか》も心《こころ》に初《はじ》めより怖畏《ふい》・懺悔《さんげ》無《な》く、肯《あえ》て発露《ほつろ》せず。彼《か》の正法《しょうぼう》において永《なが》く護惜建立《ごしゃくこんりゅう》[5]の心《こころ》無《な》く、毀呰軽賤《きしきょうせん》[6]して、言《ことば》に禍咎《かぐ》[7]多《おお》からん。是《かく》の如《ごと》き等《ら》をまた一闡提《いっせんだい》の道《どう》に趣向《しゅこう》すと名《な》づく。唯此《ただかく》の如《ごと》き一闡提《いっせんだい》の輩《ともがら》を除《のぞ》きて、其《そ》の余《よ》に施《ほどこ》さば一切讃歎《いっさいさんだん》すべし」。

又云《またいわ》く、

「我《わ》れ往昔《おうしゃく》を念《おも》うに、閻浮提《えんぶだい》において大国《だいこく》の王《おう》と作《な》れり。

3 **麁悪** 荒々しく悪いこと。粗悪、粗暴。

4 **四重** 四重禁戒。重禁とは重い罪。(一)殺生。(二)偸盗。(三)邪淫。(四)妄語(悟ってもいないのに悟ったと称して他人を信じさせること)。

5 **護惜建立** 正法を護り惜しみ(大切にし)、これを確立すること。

6 **毀呰軽賤** 正法を毀り軽んじ賤しめること。

7 **禍咎** 定められた禁制や、罪科に抵触する言語動作などのこと。

第二 謗法の人の命を絶つべしとの経証

第一文

名《な》を仙豫《せんよ》と曰《い》いき。大乗経典《だいじょうきょうてん》を愛念《あいねん》し敬重《きょうじゅう》し、其《そ》の心純善《こころじゅんぜん》にして、麁悪嫉悋《そあくしつりん》[8]有《あ》ること無《な》し。善男子《ぜんなんし》、我《わ》れ爾《そ》の時《とき》において、心《こころ》に大乗《だいじょう》を重《おも》んず。婆羅門《ばらもん》の方等《ほうどう》を誹謗《ひぼう》するを聞《き》き、聞《き》き已《おわ》つて即時《そくじ》に其《そ》の命根《みょうこん》を断《た》つ。善男子《ぜんなんし》、是《こ》の因縁《いんねん》を以《もっ》て、是《こ》れ従《よ》り已来《このかた》地獄《じごく》に堕《だ》せず」。

又云《またいわ》く、

「如来《にょらい》、昔国王《むかしこくおう》と為《な》りて、菩薩《ぼさつ》の道《どう》を行《ぎょう》ぜし時《とき》、爾所《そこばく》の婆羅門《ばらもん》の命《いのち》を断絶《だんぜつ》す」と。

又云《またいわ》く、

「殺《せつ》に三有《あ》り、謂《いわ》く下中上《げちゅうじょう》なり。下《げ》とは蟻子《ぎし》、乃至《ないし》、一切《いっさい》の畜生《ちくしょう》なり。唯菩薩示現生《ただぼさつじげんしょう》の者を除《のぞ》く。下殺《げせつ》の因縁《いんねん》を以《もっ》て、地獄《じごく》・畜生《ちくしょう》・餓鬼《がき》に堕《だ》して、具《つぶ》さに下《げ》の苦《く》を受《う》く。何《なに》を以《もっ》ての故《ゆえ》に。是《こ》の諸《もろもろ》の畜生《ちくしょう》に微《み》の善根《ぜんごん》有《あ》り、是《こ》の故《ゆえ》

8　**嫉悋**　ねたみそねむことと、欲深くものおしみすること。

第二文

第三文

に殺《ころ》さば具《つぶ》さに罪報《ざいほう》を受《う》く。中殺《ちゅうせつ》とは、凡夫人《ぼんぶにん》従《よ》り、阿《あ》那含《なごん》[9]に至《いた》るまで、是《こ》れを名《な》づけて中《ちゅう》と為《な》す。是《こ》の業因《ごういん》を以《もっ》て、地獄《じごく》・畜生《ちくしょう》・餓鬼《がき》に堕《だ》して、具《つぶ》さに中《ちゅう》の苦《く》を受《う》く。上殺《じょうせつ》とは、父母《ぶも》、乃至《ないし》、阿羅漢《あらかん》・辟支佛《びゃくしぶつ》・畢定《ひつじょう》の菩薩《ぼさつ》[10]なり。阿鼻大地獄《あびだいじごく》の中《なか》に堕《だ》す。善男子《ぜんなんし》、若《も》し能《よ》く一闡提《いっせんだい》を殺《ころ》すこと有《あ》らん者は、則《すなわ》ち此《こ》の三種《さんしゅ》の殺《せつ》の中《なか》に堕《だ》せず。善男子《ぜんなんし》、彼《か》の諸《もろもろ》の婆羅門《ばらもん》等は、一切皆《いっさいみな》是《こ》れ一闡提也《いっせんだいなり》」已上。

『仁王経《にんのうきょう》』に云《いわ》く、

「佛《ほとけ》、波斯匿王《はしのくおう》に告《つ》げたまわく、是《こ》の故《ゆえ》に諸《もろもろ》の国王《こくおう》に付属《ふぞく》して、比丘《びく》・比丘尼《びくに》に付属《ふぞく》せず。何《なに》を以《もっ》ての故《ゆえ》に。王《おう》の威力無《いりきな》ければなり」已上。

『涅槃経《ねはんぎょう》』に云《いわ》く、

9 **阿那含** 梵語アナーガーミンの音写。不還・不来と訳す。迷いの世界に再び戻らないの意味。欲界の煩悩をすべて断じ尽くした聖者。この聖者は未来世において、色界・無色界に生まれ、欲界には再び生まれてこないので不還という。声聞四果の第三位。

10 **畢定の菩薩** 不退の位、すなわち成仏することが決定し後退することのない位にある菩薩のこと。

第三　国王付嘱の経証

「今《いま》無上《むじょう》の正法《しょうぼう》を以《もっ》て、諸王《しょおう》・大臣《だいじん》・宰相《さいしょう》、及《およ》び四部《しぶ》の衆《しゅ》に付属《ふぞく》す。正法《しょうぼう》を毀《そし》る者をば、大臣《だいじん》・四部《しぶ》の衆《しゅ》、当《まさ》に苦治《くじ》す応《べ》し」と。

又云《またいわ》く、

「佛《ほとけ》の言《のたまわ》く、迦葉《かしょう》、能《よ》く正法《しょうぼう》を護持《ごじ》する因縁《いんねん》を以《もっ》ての故《ゆえ》に、是《こ》の金剛身《こんごうしん》[11]を成就《じょうじゅ》することを得《え》たり。善男子《ぜんなんし》、正法《しょうぼう》を護持《ごじ》せん者は、五戒《ごかい》[12]を受《う》けず、威儀《いぎ》を修《しゅ》せずして、応《まさ》に刀剣《とうけん》・弓箭《きゅうせん》[13]・鉾槊《むさく》[14]を持《じ》すべし」と。

又云《またいわ》く、

「若《も》し五戒《ごかい》を受持《じゅじ》せん者有《あ》らば、名《な》づけて大乗《だいじょう》の人と為《な》すことを得《え》ざる也《なり》。五戒《ごかい》を受《う》けざれども、正法《しょうぼう》を護《まも》るを為《もっ》て、乃《すなわ》ち大乗《だいじょう》と名《な》づく。正法《しょうぼう》を護《まも》る者は、当《まさ》に刀剣《とうけん》・器杖《きじょう》を執持《しゅうじ》すべし。刀杖《とうじょう》を持《たも》つと雖《いえど》も、我《わ》れ是等《これら》を説《と》

第四　刀杖を執持すべしとの経証

11 **金剛身**　金剛石のように堅固で絶対に壊れることのない身体。常住不壊の仏身のこと。

12 **五戒**　小乗教で説く在家男女の受持すべき五種の戒をいう。原始仏教時代にすでに成立しており、他の宗教とも普遍性をもつが、行為の外形的制約にすぎず、心の動きは問わない。(一)不殺生戒(生きものを殺してはならない)・(二)不偸盗戒(物を盗んではならない)・(三)不邪淫戒(よこしまな性的関係を結んではならない)・(四)不妄語戒(うそをついてはならない)・(五)不飲酒戒(酒を飲んではならない)。

13 **弓箭**　弓と矢。

14 **鉾槊**　「鉾」は刃物の切っ先をあらわし、「槊」は鉾をあらわす。つまり先のとがったもの。正法を守る武器のこと。

きて、名《な》づけて持戒《じかい》と曰《い》わん」と。

又云《またいわ》く、

「善男子《ぜんなんし》、過去《かこ》の世《よ》に此《こ》の拘尸那城《くしなじょう》[15]において、佛《ほとけ》の世《よ》に出《いで》たもうこと有《あ》りき。歓喜増益如来《かんぎぞうやくにょらい》と号《ごう》したてまつる。佛《ほとけ》涅槃《ねはん》の後《のち》、正法《しょうぼう》世《よ》に住《じゅう》すること無量億歳《むりょうおくさい》なり。余《よ》の四十年、佛法《ぶっぽう》の末《すえ》、爾《そ》の時《とき》に一《ひとり》の持戒《じかい》の比丘《びく》有《あ》り。名《な》を覚徳《かくとく》と曰《い》う。爾《そ》の時《とき》に多《おお》く破戒《はかい》の比丘《びく》有《あ》り。是《こ》の説《せつ》を作《な》すを聞《き》き、皆悪心《みなあくしん》を生《しょう》じ、刀杖《とうじょう》を執持《しゅうじ》して、是《こ》の法師《ほっし》を逼《せ》む。是《こ》の時《とき》の国王《こくおう》、名《な》を有徳《うとく》と曰《い》う。是《こ》の事《じ》を聞《き》き已《おわ》つて、護法《ごほう》の為《ため》の故《ゆえ》に、即《すなわ》ち説法者《せっぽうしゃ》の所《もと》に往至《おうし》して、是《こ》の破戒《はかい》の諸《もろもろ》の悪比丘《あくびく》と極《きわ》めて共《とも》に戦闘《せんとう》す。爾《そ》の時《とき》に説法者厄害《せっぽうしゃやくがい》を免《まぬが》るることを得《え》たり。王爾《おうそ》の時《とき》において、身《み》に刀剣箭槊《とうけんせんさく》[16]の瘡《きず》を被《こうむ》り、体《たい》に完《まっ》き処《ところ》は芥子《けし》の如《ごと》き許《ばかり》

15　**拘尸那城**　ネパール国境近くの末羅（まつら）族の城。釈尊入滅の地。

16　**箭槊**　「箭」は金属のヤジリ。「槊」は柄の長い矛。

も無《な》し。爾《そ》の時《とき》に覚徳《かくとく》、尋《つ》いで王《おう》を讃《ほ》めて言《いわ》く、善哉《ぜんざい》、善《ぜん》哉《ざい》、王《おう》、今真《いましん》に是《こ》れ正法《しょうぼう》を護《まも》る者なり。当来《とうらい》の世《よ》に、此《こ》の身《み》当《まさ》に無量《むりょう》の法器《ほうき》と為《な》るべし。王《おう》、是《こ》の時《とき》において、法《ほう》を聞《き》くことを得已《えおわ》つて、心大《こころおお》いに歓喜《かんぎ》し、尋《つ》いで即《すなわ》ち命終《みょうじゅう》して、阿閦佛《あしゅくぶつ》の国《くに》に生《しょう》じ、而《しか》も彼《か》の佛《ほとけ》の為《ため》に第《だい》一の弟子《でし》と作《な》る。其《そ》の王《おう》の将従《しょうじゅう》・人民《にんみん》・眷属《けんぞく》の戦闘《せんとう》すること有《あ》りし者、歓喜《かんぎ》すること有《あ》りし者、一切菩提《いっさいぼだい》の心《こころ》を退《たい》せず、命終《みょうじゅう》して悉《ことごと》く阿閦佛《あしゅくぶつ》の国《くに》に生《しょう》ず。覚徳《かくとく》比丘《びく》却《かえ》つて後《のち》、寿終《いのちおわ》りて亦《また》阿閦佛《あしゅくぶつ》の国《くに》に往生《おうじょう》することを得《え》、而《しか》も彼《か》の佛《ほとけ》の為《ため》に声聞衆《しょうもんしゅ》の中《なか》の第二《だいに》の弟子《でし》となる。若《も》し正法《しょうぼう》尽《つ》きんと欲《ほっ》すること有《あ》らん時《とき》、当《まさ》に是《かく》の如《ごと》く受持《じゅじ》し擁護《おうご》す応《べ》し。迦葉《かしょう》、爾《そ》の時《とき》の王《おう》とは則《すなわ》ち我《わ》が身《み》是《こ》れなり。説法《せっぽう》の比丘《びく》は迦葉佛《かしょうぶつ》是れなり。迦葉《かしょう》、正法《しょうぼう》を護《まも》る者は、是《かく》の如《ごと》き等《ら》の無量《むりょう》の果報《かほう》を得《え》ん。是《こ》の因縁《いんねん》を以《もっ》て、我《わ》れ今日《こんにち》において、種種《しゅじゅ》の相《そう》を得《え》て、以《もっ》て自《みずか》ら荘厳《しょうごん》し、法身不可壊《ほっしんふかえ》の身《み》を成《じょう》ず。佛《ほとけ》、迦葉菩薩《かしょうぼさつ》に告《つ》げたまわく、是《こ》の故《ゆえ》に法《ほう》を護《まも》らん優婆塞《うばそく》等は、応《まさ》に刀杖《とうじょう》を執持《しゅうじ》して、擁護《おうご》すること是《かく》の如《ごと》くなるべし。善男子《ぜんなんし》、我《わ》れ涅槃《ねはん》の後《のち》、濁悪《じょくあく》の世《よ》に国土荒乱《こくどこうらん》し、互《たがい》に相抄掠《あいしょうりゃく》し、人民《にんみん》飢餓《きが》せん。爾《そ》の時《とき》に多《おお》く飢餓《きが》の為《ため》の故《ゆえ》に、発心《ほっしん》・出家《しゅっけ》するもの有《あ》らん。是《かく》の如《ごと》きの人を名《な》づけて禿人《とくにん》[17]と為《な》す。是《こ》の禿人《とくにん》の輩《ともがら》、正法《しょうぼう》を護持《ごじ》するを見《み》て、駈逐《くちく》[18]して出《いだ》さ令《し》め、若《も》しは殺《ころ》し、若《も》しは害《がい》せん。是《こ》の故《ゆえ》に、我《わ》れ今《いま》、持戒《じかい》の人、諸《もろもろ》の白衣《びゃくえ》の刀杖《とうじょう》を持《も》つ者に依《よっ》て、以《もっ》て伴侶《はんりょ》と為《な》すことを聴《ゆる》す。刀杖《とうじょう》を持《たも》つと雖《いえど》も、我《わ》れは是等《これら》を説《と》きて、名《な》づけて持戒《じかい》と曰《い》わん。刀杖《とうじょう》を持《たも》つと雖《いえど》も、命《いのち》を断《だん》

17 **禿人** 髪のない頭の人。生活のために手段として形だけ僧になったもので、心には信仰にない僧にあらざるもの。

18 **駈逐** 追い払うこと。

③-124・125

ず応《べ》からず」と。

『法華経《ほけきょう》』に云《いわ》く、

「若《も》し人信《ひとしん》ぜずして、此《こ》の経《きょう》を毀謗《きぼう》せば、即《すなわ》ち一切世間《いっさいせけん》の佛種《ぶっしゅ》を断《だん》ぜん。乃至《ないし》、其《そ》の人命終《ひとみょうじゅう》して、阿鼻獄《あびごく》に入らん」已上。

夫《そ》れ経文顕然《きょうもんけんねん》なり。私《わたくし》の詞《ことば》何《なん》ぞ加《くわ》えん。凡《およ》そ『法華経《ほけきょう》』の如《ごと》くんば、大乗経典《だいじょうきょうてん》を謗《ほう》ずる者は、無量《むりょう》の五逆《ごぎゃく》に勝《すぐ》れたり。故《ゆえ》に阿鼻大城《あびたいじょう》に堕《だ》して、永《なが》く出《いず》る期無《ごな》けん。『涅槃経《ねはんぎょう》』の如《ごと》くんば、設《たと》い五逆《ごぎゃく》の供《く》を許《ゆる》すとも謗法《ほうぼう》の施《せ》を許《ゆる》さず。蟻子《ぎし》を殺《ころ》す者は、必《かなら》ず三悪道《さんあくどう》に落《お》つ。謗法《ほうぼう》を禁《とど》むる者は、定《さだ》めて不退《ふたい》の位《くらい》に登《のぼ》る。所謂覚徳《いわゆるかくとく》とは是《こ》れ迦葉佛《かしょうぶつ》なり。有徳《うとく》とは則《すなわ》ち釈迦文《しゃかもん》也《なり》。法華《ほっけ》・涅槃《ねはん》の経教《きょうぎょう》は、一代五時《いちだいごじ》の肝心《かんじん》也《なり》。其《そ》の禁実《いましめじつ》に重《おも》し。

第二節　謗法重罪の経証

第三章　対治の経意を釈す

誰《たれ》か帰仰《きごう》せざらん哉《や》。

而《しか》るに謗法《ほうぼう》の族《やから》、正道《しょうどう》の人を忘《わす》れ、剰《あまつさ》え法然《ほうねん》の『選択《せんちゃく》』に依《よ》って、弥《いよい》よ愚痴《ぐち》の盲瞽《もうこ》を増《ま》す。是《ここ》を以《もっ》て、或《あるい》は彼《か》の遺体《いたい》を忍《しの》びて木画《もくが》の像《ぞう》に露《あら》わし、或《あるい》は其《そ》の妄説《もうせつ》を信《しん》じて莠言《ゆうげん》の模《かたぎ》を彫《え》り、之《これ》を海内《かいだい》に弘《ひろ》め、之《これ》を墎外《かくがい》[19]に翫《もてあ》そぶ。仰《あお》ぐ所《ところ》は則《すなわ》ちその家風《かふう》、施《ほどこ》す所《ところ》は則《すなわ》ち其《そ》の門弟《もんてい》なり。然《しか》る間《あいだ》、或《あるい》は釈迦《しゃか》の手指《しゅし》を切《き》りて弥陀《みだ》の印相《いんぞう》を結《むす》び、或《あるい》は東方如来《とうほうにょらい》の鴈宇《がんう》[20]を改《あらた》めて西土《さいど》教主《きょうしゅ》の鵝王《がおう》[21]を居《す》え、或《あるい》は四百余回《かい》の如法経《にょほうきょう》を止《とど》めて西方浄土《さいほうじょうど》の三部《ぶ》経《きょう》と成《な》し、或《あるい》は天台大師《てんだいだいし》の講《こう》を停《とど》めて善導《ぜんどう》の講《こう》と為《な》す。是《かく》の如《ごと》き群類《ぐんるい》、其《そ》れ誠《まこと》に尽《つく》し難《がた》し。是《こ》れ破佛《はぶつ》に非《あら》ずや、是《こ》れ破法《はほう》に非《あら》ずや、是《こ》れ破僧《はそう》に非《あら》ずや。此《こ》の邪義《じゃぎ》は則《すなわ》ち『選択《せんちゃく》』に依《よ》る也《なり》。嗟呼《ああ》悲《かな》しい哉《かな》、如来誠諦《にょらいじょうたい》の禁言《きんげん》に背《そむ》

19　**墎外**　「墎」は「郭」に同じ。城の囲いの外。一定の地域の外。ここでは地方の隅までの意。

20　**鴈宇**　寺・堂・伽藍のこと。

21　**鵝王**　仏の別称。鵝は鵝鳥のこと。仏の三十二相の手足縵網相の、手足に水かきがあることが鵝鳥に似ていることからいう。

くこと。哀《あわ》れなりかな、愚侶迷惑《ぐりょめいわく》の麁語《そご》[22]に随《したが》うこと。早《はや》く天下《てんか》の静謐《せいひつ》を思《おも》わば、須《すべから》く国中《こくちゅう》の謗法《ほうぼう》を断《た》つべし。

客《きゃく》の曰《いわ》く、若《も》し謗法《ほうぼう》の輩《ともがら》を断《だん》じ、若《も》し佛禁《ぶっきん》の違《い》を絶《た》たんには、彼《か》の経文《きょうもん》の如《ごと》く、斬罪《ざんざい》に行《おこな》うべきか。若《も》し然《しか》らば、殺害相加《せつがいあいくわ》え、罪業何《ざいごういか》んが為《せ》んや。

則《すなわ》ち『大集経《だいじっきょう》』に云《いわ》く、

「頭《こうべ》を剃《そ》り袈裟《けさ》を著《ちゃく》せば、持戒及《じかいおよ》び毀戒《きかい》をも、天人彼《てんにんかれ》を供養《くよう》すべし。則《すなわ》ち為《こ》れ我《わ》れを供養《くよう》するなり。彼《かれ》は是《こ》れ我《わ》が子《こ》なり。若《も》し彼《かれ》を撾打《かちょう》すること有《あ》れば、則《すなわ》ち為《こ》れ我《わ》が子《こ》を打《う》つなり。若《も》し彼《かれ》を罵辱《めにく》せば、則《すなわ》ち為《こ》れ我《わ》れを毀辱《きにく》するなり」。

料《はか》り知《し》んぬ、善悪《ぜんなく》を論《ろん》ぜず、是非《ぜひ》を択《えら》ぶこと無《な》く、僧侶為《そうりょたら》んにおいては供養《くよう》を展《の》ぶべし。何《なん》ぞ其《そ》の子《こ》を打辱《ちょうにく》

22 **麁語**　粗末な言葉。荒々しい言葉。

して、忝《かたじけ》なくも其《そ》の父《ちち》を悲哀《ひあい》せしめん[23]。彼《か》の竹杖《ちくじょう》[24]の目連尊者《もくれんそんじゃ》を害《がい》せし也《や》。永《なが》く無間《むけん》[25]の底《そこ》に沈《しず》み、提婆達多《だいばだった》の蓮華比丘尼《れんげびくに》を殺《ころ》せし也《や》。久《ひさ》しく阿鼻《あび》の焔《ほのお》に咽《むせ》ぶ。先証《せんしょう》斯《こ》れ明《あきら》かなり、後昆《こうこん》[26]最も恐《おそ》れあり。謗法《ほうぼう》を誡《いまし》むるに似《に》て、既《すで》に禁言《きんげん》を破《は》す。此《こ》の事《じ》信《しん》じ難《がた》し、如何《いかん》が意《こころ》を得《え》ん。

主人《しゅじん》の曰《いわ》く、客《きゃく》、明《あきら》かに経文《きょうもん》を見《み》て、猶《なお》斯《こ》の言《ことば》を成《な》す。心《こころ》の及《およ》ばざるか。理《り》の通《つう》ぜざるか。全《まった》く佛子《ぶっし》を禁《いまし》むるに非《あら》ず。唯偏《ただひとえ》に謗法《ほうぼう》を悪《にく》む也《なり》。夫《そ》れ釈迦《しゃか》の以前《いぜん》の佛《ぶっ》教《きょう》は其《そ》の罪《つみ》を斬《き》ると雖《いえど》も、能仁《のうにん》[27]の以後《いご》の経説《きょうせつ》は則《すなわ》ち其《そ》の施《せ》を止《とど》む。然《しか》れば則《すなわ》ち、四海万邦《しかいばんぽう》、一切《いっさい》の四衆《ししゅ》、其《そ》の悪《あく》に施《ほどこ》さず、皆此《みなこ》の善《ぜん》に帰《き》せば、何《いか》なる難《なん》か並《なら》び起《おこ》り、何《いか》なる災《わざわい》か競《きそ》い来《きた》らん。

---

23 **悲哀せしむ**　かなしませること。

24 **竹杖**　「竹杖外道」のこと。インドのバラモンの一派。執杖外道ともいう。『僧一阿含経十八』等によると、目連が舎利弗とともに王舎城を乞食しているとき、竹杖外道に会い、外道の邪見を破折したため、瓦石で打ち殺された。竹杖外道はその罪で無間地獄におちたという。

第四章　殺害の非を結す

第八答　謗法の禁断を決す

第一章　客の疑惑を呵す

第二章　客の経証を釈す

第三章　客の疑問に答える

25 **無間**　無間地獄のこと。無間は無数とも訳す。絶え間なく大苦を受けるので無間と名付ける。無間地獄は音写して阿鼻地獄・阿鼻大城ともいい、八大地獄の最下部に位置する地獄。五逆罪を造り、正法を誹謗する重罪を犯す者は、この地獄に堕ちるとされる。

26 **後昆**　後世。後世の人。子孫。

27 **能仁**　釈迦牟尼仏の別称。

コラム５　法然上人　略年表

鎌倉時代　1191～平安時代

西暦年	日本
一一三三	長承二年　生誕
一一四一	保延七年　父の死と出家
一一四五	天養二年　比叡山に登る
一一四七	久安三年　受戒
一一五〇	久安六年　法然房源空と名乗る
一一五六	安元元年　畿内諸寺を遊学
一一七五	承安五年　称名念仏が阿弥陀佛の本願と確証す
一一八六	文治二年　大原談義《おおはらだんぎ》
一一九八	建久九年　『選択本願念仏集《せんちゃくほんがんねんぶつしゅう》』を執筆
一二〇七	建永二年　土佐（実際には讃岐）へ配流
一二一一	建暦元年　帰洛の許しを得る
一二一二	建暦二年　示寂

法然房源空

中国　1279～1127　南宋

事件	西暦年
園城寺《おんじょうじ》の僧徒、比叡山の堂宇を焼く	一一四二
保元の乱	一一五六
平治の乱	一一五九
平清盛　太政大臣になる	一一六七
壇ノ浦の戦い	一一八五
鎌倉幕府	一一九二
承久の乱	一二二一

法然房源空

諱《いみな》は源空、法然は房号、のち黒谷《くろだに》上人ともいわれた。円光大師（東山天皇より）等の勅諡《ちょくし》がある。浄土宗の開祖である。

長承二年（一一三三）
美作《みまさか》（岡山県）在地の豪族で、治安維持の任にあたる押領使《おうりょうし》の漆間時国《うるまときくに》のひとり子として生まれる。幼名は勢至丸。

保延七年（一一四一）九歳。
父の時国は、日頃から確執のあった荘園管理者の夜討ちにあい、非業の最期をとげた。死にあたり時国は「敵人を恨む事なかれ」「恨みによって恨みに報いてはならない。出家の道を進むべし」との遺言をしたと伝えられる。勢至丸は遺言に従い、菩提寺にて出家。

天養二年（一一四五）一三歳（一説　久安三年、一五歳）
勢至丸の器量が非凡であることから、師の薦めにより比叡山西塔北谷に登り、持宝房源光のもとに入室する。

久安三年（一一四七）一五歳。
戒壇院にて戒を授かり、東塔西谷功徳院に住む学僧皇円のもとで天台三大部の勉学にいそしむ。

久安六年（一一五〇）一八歳。
当時の比叡山の僧が名利のための立身出世を求め、生死を解脱する状況になかったことから、西塔黒谷（現在の比叡山内青竜寺）に移り、慈眼房叡空を師事することになる。叡空はこの青年の志に感激し「法然道理のひじりなり」と随喜して、法然房との号を授け、源光の上の字と、叡空の下の字をとり、源空という法名を与える。

安元元年（一一五六）二四歳。
この頃より生死の解脱を求め、京都、奈良の畿内諸寺を遊学。その結果「智慧第一の法然房」と讃えられたが、疑念が晴れることはなかった。そして疑念を晴らすため一切経を閲すること五度に及び、その実践に励んだが、「私は仏教の基本である戒《かい》・定《じょう》・慧《え》の三学の器ではない。私の心に相応《ふさわ》しい教えはあるのか。私の身に堪える修行はあるのか」と思い悩んだ。

承安五年（一一七五）四三歳。
善導の『観経疏《かんぎょうしょ》』の「一心に専ら弥陀の名号を念じ、行住坐臥《ぎょうじゅうざが》に時節の久近《くごん》を問わず、念々に捨てざる者、是を正業と名づく、彼の佛の願に順ずるが故に」の一文を見るに及んで、称名念仏が阿弥陀佛の本願であると確証し、余行を捨てた。そして念仏することにより万人が救われるとし、開宗を決意する。この年の春、比叡山を降り、京洛西山《にしやま》の広谷（長岡京市）などに居を移し、さらには東山の大谷吉水《よしみず》（現在の浄土宗総本山知恩院）を根拠地として、専修念仏による往生を説いた。

文治二年（一一八六）五四歳。
大原《おおはら》談義《だんぎ》。天台宗の顕真が発起し、洛北大原の勝林院において会合を催した。発起人である顕真は後に天台座主となる僧である。法然房源空の主張を聴取し、意見を交換しようと、南都の三論宗、法相宗などの諸僧、東大寺大勧進《かんじん》の俊乗房重源などが集まった。談義の内容を法然房源空は「諸宗の教えと念仏の教えでは、教えの優劣に関する談義は互角であった。しかし、末法という仏法が失われる時代に、その教えを実践する人の能力や素質には念仏という易しい修行が適している、という私の主張が勝っていた」と述懐している。

建久九年（一一九八）六六歳。
関白の九条兼実の懇請を契機に、念仏の教義書であり、浄土宗の根本聖典である『選択本願念仏集《せんちゃくほんがんねんぶつしゅう》』を執筆。一般に略して『選《せん》択集《ちゃくしゅう》』という。どんな人間でも念仏によって、往生できることを体系的に述べた。この書を浄土宗開宗の宣言書ということもある。選択とは「選び取り、選び捨てる」ことであり、念仏こそが「勝れた易しい行」であり、その他の行は「劣った難しい行」であると選択した。

元久元年（一二〇四）七二歳。
比叡山の宗徒が蜂起し、専修念仏の停止を訴えた。これを元久の法難という。これは門下が拡大したことや、教義を充分に理解しない者が横行したことに起因する。これに対し法然房源空は「七箇条制誡《せいかい》」を作り門弟を誡《いまし》めた。「七箇条制誡」の禁止内容は、

①内容を知りもしないのに真言・天台宗などを批判し、阿弥陀佛以外の佛・菩薩を誹謗すること。
②智慧の無い身で智慧のある人や、念仏以外の修行をしている人に対して、好んで争論をすること。
③念仏以外の学問・修行をしている人に対し、愚かで偏った心で、あながちにこれを嫌い嗤《わら》うこと。
④念仏門に戒行なしとし、婬酒食肉を勧め、戒行を守る者を雑行《ぞうぎょう》の人と呼び、弥陀の本願を憑《たの》む者は、悪を造ることを恐れるなと説くこと。
⑤未だ是非をわきまえていないのに、佛説や師匠の教えに背き、思いのままに私説を述べ、妄《みだ》りに争論を行い、智者に笑われ、人々を惑わすこと。
⑥痴鈍《ちどん》の身で正法を知らずに、種々の邪法を説き、無智の僧俗を教化すること。
⑦佛教ではない邪法を正法とし、偽って師匠の説と号すること。

以上の制誡を比叡山に送ることにより念仏停止要求は、ひとまず落ち着いた。

建永二年（一二〇七）七五歳。
二月二十八日。法然房源空は土佐（実際には讃岐）へ配流となる。これを建永の法難という。流罪にあたり法然房源空は還俗《げんぞく》させられ、藤井元彦の俗名をつけられた。この流罪は、門下の拡大を危惧する諸宗が訴えたことがきっかけであった。「ひとたび念仏を称《とな》えれば、悪人すら往生する」と弟子が布教し、風紀が乱れたこと。そして、前年の建永元年に後鳥羽上皇の女官が弟子のもとで出家し、これに上皇が激怒したことによる。弟子の数名は斬罪となり、多くの弟子が流罪となった。法然房源空は当初、土佐に流罪される予定であったが、讃岐への流罪に変更される。そして建永二年十二月八日、赦免の宣旨が下るが、洛中に入ることは禁じられ、摂津国（大阪府箕面市）勝尾寺《かちおでら》に入る。

建暦元年（一二一一）七九歳。
十一月十七日。帰洛の許しを得て、五年ぶりに京都の地を踏み、大谷の禅房（現在の知恩院勢至堂）に入る。

建暦二年（一二一二）八十歳。
正月より病床につきながらも、弟子たちと信仰を語り、みずから高声《こうしょう》念仏に励む。二十三日、弟子の源智に『一枚起請文』を与え二日後の二十五日没す。

客《きゃく》則《すなわ》ち席《せき》を避《さ》け、襟《えり》を刷《つくろ》いて曰《いわ》く、佛教《ぶっきょう》斯《こ》れ区《まちまち》にして、旨趣《ししゅ》窮《きわ》め難《がた》く、不審《ふしん》多端《たたん》にして、理非《りひ》明《あきら》かならず。但《ただ》し法然聖人《ほうねんしょうにん》の『選択《せんちゃく》』は現在也《げんざいなり》。諸佛《しょぶつ》・諸経《しょきょう》・諸菩薩《しょぼさつ》・諸天《しょてん》等を以《もっ》て、捨閉閣抛《しゃへいかくほう》に載《の》す。其《そ》の文顕然也《もんけんねんなり》。茲《ここ》に因《よっ》て、聖人国《せいじんくに》を去《さ》り、善神所《ぜんじんところ》を捨《す》て、天下《てんか》飢渇《きかつ》し、世上疫病《せじょうえきびょう》す。今主人《いましゅじん》、広《ひろ》く経文《きょうもん》を引《ひ》いて、明《あきら》かに理非《りひ》を示《しめ》す。故《ゆえ》に妄執既《もうしゅうすで》に翻《ひるがえ》り、耳目数《じもくしばし》ば朗《あきら》かなり。所詮《しょせん》、国土泰平《こくどたいへい》、天下安穏《てんかあんのん》は、一人《いちにん》より万民《ばんみん》に至《いた》るまで、好《この》む所也《ところなり》。楽《ねが》う所也《ところなり》。早《はや》く一闡提《いっせんだい》の施《せ》を止《とど》め、永《なが》く衆《もろもろ》の僧尼《そうに》の供《く》を致《いた》し、佛海《ぶっかい》の白浪《はくろう》[1]を収《おさ》め、法山《ほうざん》の緑林《りょくりん》[2]を截《き》らば、世《よ》は羲農《ぎのう》[3]の世《よ》と成《な》り、国《くに》は唐虞《とうぐ》[4]の国《くに》と為《な》らん。然《しか》して後《のち》、法水《ほっすい》の浅深《せんじん》を斟酌《しんしゃく》し、佛家《ぶっけ》の棟梁《とうりょう》を崇重《そうじゅう》せん。

主人悦《しゅじんよろこ》んで曰《いわ》く、鳩化《はとか》して鷹《たか》と為《な》り、雀変《すずめへん》じて蛤《はまぐり》と為《な》

第九問　謗法の対治を領解する

第一章　領解を述べる

第二章　随順を誓う

1 **仏海の白浪**　仏法の中の盗賊をいう。「白浪」とは盗賊の異称。仏法の大海に起こる謗法の者を「白浪」と言い表した。

2 **法山の緑林**　仏法の教えに背く謗法者のこと。法山とは仏法の教えを山に譬え、緑林とは、元来は中国にある緑林山のことで、そこに亡命者や盗賊が多く集まっていたことから、盗賊の異称を表す。法然上人の浄土教を批判した語。

3 **羲農**　伏羲（ふくぎ）と神農という中国の神話時の理想的な国を建設したとされる君主。

4 **唐虞**　唐堯（とうぎょう）・虞舜（ぐしゅん）という古代中国の理想的君主。

第九答　謗法の対治を勧める

る。悦《よろこ》ばしい哉《かな》、汝《なんじ》、蘭室《らんしつ》[5]の友《とも》に交《まじわ》り、麻畝《まほ》の性《せい》[6]と成《な》る。誠《まこと》に其《そ》の難《なん》を顧《かえり》みて、専《もっぱ》ら此《こ》の言《ことば》を信《しん》ぜば、風和《かぜやわら》ぎ浪静《なみしず》かにして、不日《ふじつ》に豊年《ほうねん》ならん耳《のみ》。

但《ただ》し人の心《こころ》は時《とき》に随《したが》って移《うつ》り、物《もの》の性《せい》は境《きょう》に依《よっ》て改《あらた》まる。譬《たと》えば、猶水中《なおすいちゅう》の月《つき》の波《なみ》に動《うご》き、陳前《じんぜん》の軍《いくさ》の剣《つるぎ》に靡《なび》くがごとし、汝《なんじ》、当座《とうざ》に信《しん》ずと雖《いえど》も、後定《のちさだ》めて永《なが》く忘《わす》れん。若《も》し先《ま》ず国土《こくど》を安《やす》んじて、現当《げんとう》を祈《いの》らんと欲《ほっ》せば、速《すみや》かに情慮《じょうりょ》を廻《めぐ》らし、忩《いそ》ぎて対治《たいじ》を加《くわ》えよ。

所以《ゆえ》は何《いか》ん。『薬師経《やくしきょう》』の七難《しちなん》の内《うち》、五難《ごなん》忽《たちまち》に起《おこ》り、二難猶残《になんなおのこ》せり。所以《いわゆる》、他国侵逼《たこくしんぴつ》の難《なん》・自界叛逆《じかいほんぎゃく》の難《なん》なり。『大集経《だいじっきょう》』の三災《さんさい》の内《うち》、二災早《にさいはや》く顕《あらわ》れ、一災未《いっさいいま》だ起《おこ》らず、所以《いわゆる》、兵革《へいかく》の災也《わざわいなり》。『金光明経《こんこうみょうきょう》』の内《うち》、種種《しゅじゅ》の災禍一一《さいかいちいち》に起《おこ》ると雖《いえど》も、他方《たほう》の怨賊《おんぞく》、国内《こくない》を侵掠《しんりゃく》する、

第一章　帰伏を歎ず

5　**蘭室**　有徳の人が住まう香り高い部屋。
6　**麻畝の性**　畝（うね）は作物を植えるための畑の盛り土。麻の田に入れば蓬（よもぎ）もまっすぐになるように、人も善人と親しめば正しい道に入ることを譬える。

第二章　対治を促す

第一節　催促の提言

第二節　催促の理由

第一　未萌の戦禍を避けるため

此《こ》の災《わざわい》未《いま》だ露《あら》われず、此《こ》の難《なん》未《いま》だ来《きた》らず。『仁王経《にんのうきょう》』の七難《しちなん》の内《うち》、六難《ろくなん》今《いま》盛《さかん》にして、一難《いちなん》未《いま》だ現《げん》ぜず。所以《いわゆる》、四方《しほう》の賊来《ぞくきた》りて国《くに》を侵《おか》すの難也《なんなり》。しかのみならず、「国土《こくど》乱《みだ》れん時《とき》は先《ま》ず鬼神《きじん》乱《みだ》る。鬼神《きじん》乱《みだ》るるが故《ゆえ》に万民《ばんみん》乱《みだ》る」と。

今此《いまこ》の文《もん》に就《つ》いて、具《つぶさ》に事《こと》の情《こころ》を案《あん》ずるに、百鬼《ひゃっき》早《はや》く乱《みだ》れ、万民《ばんみん》多《おお》く亡《ほろ》ぶ。先難《せんなん》是《こ》れ明《あきら》かなり、後災何《こうさいなん》ぞ疑《うたが》わん。若《も》し残《のこ》る所《ところ》の難《なん》、悪法《あくほう》の科《とが》に依《よっ》て並《なら》び起《おこ》り、競《きそ》い来《きた》らば、其《そ》の時何《ときいか》んが為《せ》んや。帝王《ていおう》は国家《こっか》を基《もと》として天下《てんか》を治《おさ》め、人臣《じんしん》は田園《でんえん》を領《りょう》して世上《せじょう》を保《たも》つ。而《しか》るに他方《たほう》の賊来《ぞくきた》りて其《そ》の国《くに》を侵逼《しんぴつ》し、自界叛逆《じかいほんぎゃく》して其《そ》の地《ち》を掠《りゃく》領《りょう》せば、豈驚《あにおどろ》かざらん哉《や》、豈騒《あにさわ》がざらん哉《や》。国《くに》を失《うしな》い家《いえ》を滅《ほろぼ》せば、何《いず》れの所《ところ》に世《よ》を遁《のが》れん。汝《なんじ》須《すべから》く一身《いっしん》の安堵《あんど》を思《おも》わば、先《ま》ず四表《しひょう》の静謐《せいひつ》[7]を祷《いの》るべきものか。

就中《なかんずく》、人《ひと》の世《よ》に在《あ》るや、各《おのおの》後生《ごしょう》を恐《おそ》る。是《ここ》を以《もっ》て或《あるい》は邪教《じゃきょう》を信《しん》じ、或《あるい》は謗法《ほうぼう》を貴《たっと》ぶ。各《おのおの》是非《ぜひ》に迷《まよ》うことを悪《にく》むと雖《いえど》も、而《しか》も猶《なお》佛法《ぶっぽう》に帰《き》することを哀《あわ》れむ。何《なん》ぞ同《おな》じく信心《しんじん》の力《ちから》を以《もっ》て、妄《みだり》に邪義《じゃぎ》の詞《ことば》を宗《あが》めん哉《や》。若《も》し執心《しゅうしん》翻《ひるがえ》らず、亦曲意《またきょくい》猶存《なおぞん》ぜば、早《はや》く有為《うい》の郷《さと》[8]を辞《じ》して、必《かなら》ず無間《むけん》の獄《ごく》に堕《お》ちなん。

所以《ゆえ》は何《いか》ん。『大集経《だいじっきょう》』に云《いわ》く、

「若《も》し国王《こくおう》有《あ》りて、無量世《むりょうせ》において施《せ》・戒《かい》・慧《え》を修《しゅ》すとも、我《わ》が法《ほう》の滅《めっ》せんを見《み》て、捨《す》てて擁護《おうご》せずんば、是《かく》の如《ごと》く種《う》うる所《ところ》の無量《むりょう》の善根《ぜんごん》、悉《ことごと》く皆滅失《みなめっしつ》し、乃至《ないし》、其《そ》の王久《おうひさ》しからずして当《まさ》に重病《じゅうびょう》に遇《あ》い、寿終《じゅじゅう》の後《のち》、大地獄《だいじごく》に生《しょう》ずべし。王《おう》の如《ごと》く夫人《ぶにん》・太子《たいし》・大臣《だいじん》・城主《じょうしゅ》・柱師《ちゅうし》

第二　未来の堕獄を避けるため

一　謗法堕獄を示す

7　**四表の静謐**　四表は東西南北の四方の方角のこと。静謐はしずかな様子。国が安穏で平和であることをいう。

8　**有為の郷**　変化する無常の娑婆世界。

二　謗法堕獄を証す

第一証　大集経

・郡守《ぐんしゅ》・宰官《さいかん》も亦復是《またかく》の如《ごと》くならん」と。

『仁王経《にんのうきょう》』に云《いわ》く、

「人、佛教《ぶっきょう》を壊《やぶ》らば、復孝子《またこうし》無《な》く、六親《ろくしん》[9]不和《ふわ》にして天神《てんじん》も祐《たす》けず、疾疫《しつえき》・悪鬼《あっき》、日《ひび》に来《きた》りて侵害《しんがい》し、災怪首尾《さいけしゅび》し、連禍縦横《れんかじゅうおう》し、死《し》して地獄《じごく》・餓鬼《がき》・畜生《ちくしょう》に入《い》らん。若《も》し出《い》でて人と為《な》らば、兵奴《ひょうぬ》の果報《かほう》ならん。響《ひびき》の如《ごと》く影《かげ》の如《ごと》く、人の夜書《よるしょ》するに火《ひ》は滅《めっ》すれども字《じ》は存《そん》するが如《ごと》く、三界《さんがい》の果報《かほう》も亦復是《またかく》の如《ごと》し」と。

『法華経《ほけきょう》』第《だい》二に云《いわ》く、

③-124・125

「若《も》し人信《しん》ぜずして、此《こ》の経《きょう》を毀謗《きぼう》せば、乃至《ないし》、其《そ》の人命終《みょうじゅう》して、阿鼻獄《あびごく》に入《い》らん。」と。

又同《またおなじ》く第《だい》七巻不軽品《かんふきょうほん》に云《いわ》く、

⑳-17

「千劫《ごう》阿鼻地獄《あびじごく》において大苦悩《だいくのう》を受《う》く」と。

第二証　仁王経

9 **六親**　六種の親族。父・子・兄・弟・夫・婦。または父・母・兄・弟・妻・子。その他、さまざまな組み合わせがある。

第三証　法華経

第四証　法華経

『涅槃経《ねはんぎょう》』に云《いわ》く、

「善友《ぜんゆう》を遠離《おんり》し、正法《しょうぼう》を聞《き》かず、悪法《あくほう》に住《じゅう》せば、是《こ》の因縁《いんねん》の故《ゆえ》に沈没《ちんもつ》して阿鼻地獄《あびじごく》に在《あり》て、受《う》くる所《ところ》の身形《しんぎょう》縦横《じゅうおう》八万四千由延《ゆえん》ならん」と。

広《ひろ》く衆経《しゅきょう》を披《ひら》きたるに、専《もっぱ》ら謗法《ほうぼう》を重《おも》んず。悲《かな》しい哉《かな》、皆正法《みなしょうぼう》の門《もん》を出《い》でて深《ふか》く邪法《じゃほう》の獄《ごく》に入《い》れり。愚《おろ》かなり、各《おのおの》悪教《あっきょう》の綱《つな》に懸《かか》りて鎮《とこし》えに謗教《ほうきょう》の網《あみ》に纏《まと》わる。此《こ》の蒙霧《もうむ》[10]の迷《まよ》い、彼《か》の盛焔《じょうえん》の底《そこ》に沈《しず》む。豈《あに》愁《うれ》えざらん哉《や》、豈苦《あにくる》しからざらん哉《や》。

汝早《なんじはや》く信仰《しんこう》の寸心《すんしん》を改《あらた》めて、速《すみや》かに実乗《じつじょう》の一善《いちぜん》に帰《き》せよ。然《しか》れば則《すなわ》ち三界《さんがい》は皆佛国《みなぶっこく》なり。佛国《ぶっこく》其《そ》れ衰《おとろ》えん哉《や》。十方《じっぽう》は悉《ことごと》く宝土《ほうど》也《なり》。宝土何《ほうどなん》ぞ壊《やぶ》れん哉《や》。国《くに》に衰微《すいび》無《な》く、土《ど》に破壊《はえ》無《な》くんば、身《み》は是《こ》れ安全《あんぜん》にして、心《こころ》は是《こ》れ禅定《ぜんじょう》

第五証　涅槃経

三　謗法堕獄を誡める

10 **蒙霧**　「蒙（朦）」は月がおぼろなこと。迷いの霧がたちこめて心のはれないこと。心がふさがること。

第三章　正法の信仰を勧める

ならん。此《こ》の詞《ことば》、此《こ》の言《こと》、信《しん》ずべく崇《あが》むべし。

客《きゃく》の曰《いわ》く、今生後生《こんじょうごしょう》、誰《たれ》か慎《つつし》まざらん。誰《たれ》か恐《おそ》れざらん。此《こ》の経文《きょうもん》を披《ひら》きて、具《つぶさ》に佛語《ぶつご》を承《うけたまわ》るに、誹謗《ひぼう》の科《とが》至《いた》つて重《おも》く、毀法《きほう》の罪誡《つみまこと》に深《ふか》し。我一佛《われいちぶつ》を信《しん》じて諸佛《しょぶつ》を抛《なげう》ち、三部経《さんぶきょう》を仰《あお》ぎて諸経《しょきょう》を閣《さしお》きしは、是《こ》れ私曲《しきょく》の思《おも》いに非《あら》ず、則《すなわ》ち先達《せんだつ》の詞《ことば》に随《したが》いしなり。十方《じっぽう》の諸人《しょにん》も亦復《また》是《かく》の如《ごと》くなるべし。今世《こんぜ》には性心《しょうしん》を労《ろう》し、来生《らいしょう》には阿鼻《あび》に堕《だ》せんこと、文明《もんあきら》かに理詳《りつまび》らかなり。疑《うたが》うべからず。弥《いよい》よ貴公《きこう》の慈誨《じかい》を仰《あお》ぎて、益《ますま》す愚客《ぐきゃく》の痴心《ちしん》を開《ひら》き、速《すみや》かに対治《たいじ》を廻《めぐ》らして、早《はや》く泰平《たいへい》を致《いた》し、先《ま》ず生前《せいぜん》を安《やす》んじ、更《さら》に没後《もつご》を扶《たす》けん。唯我信《ただわれしん》ずるのみに非《あら》ず、又他《またた》の誤《あやま》りを誡《いまし》めんのみ。

第十問 謗法の対治を領解する

コラム6　人物・佛、菩薩、諸天善神概略

義真【ぎしん】七八一～八三三。伝教大師の弟子。延暦寺第一代座主。幼少の頃から伝教大師に師事し、東大寺などの南都へも遊学した。唐語に精通し、伝教大師とともに入唐した。伝教大師没後、大戒の勅許《ちょっきょ》を得て比叡山に円頓戒場《えんどんかいじょう》を建立した。

鏡霜法師【きょうそうほっし】～八四一。九世紀頃、唐の長安の僧。会昌元年に勅命を受けて、長安の諸寺院を毎月三日ずつ巡り、浄土念仏を弘めていた高僧。

阮籍【げんせき】二一〇～二六三。三国時代魏の人。竹林の七賢の一人。晋において高位を得たが、礼節の人を白眼視し、無礼の人には青眼で迎え、礼儀を軽視したという。

後漢の明帝【ごかんのめいてい】二八～七五。後漢の第二代皇帝。光武帝の第四子。父帝の遺政を守り、儒教を好んで老儒碩学《せきがく》の徒を抜擢し、篤学の風を高めた。外政においては、父帝の消極策を改め、北方匈奴《きょうど》を征伐し、西域にも計略を計った。

後鳥羽院【ごとばいん】一一八〇～一二三九。八二代天皇。安徳天皇が平家とともに、都落ちした際に即位する。和歌と武術を好み、『新古今和歌集』を選定した。土御門《つちみかど》天皇に位を譲り、上皇となり、政権を鎌倉幕府から、帝政に取り戻そうとする。承久三年五月一四日、北条義時追討の院旨を発するが、一ヶ月で敗れ、隠岐に配流され、その地で死す。

司馬氏【しばし】中国晋の歴代帝王。三国時代、曹操が起こした魏より権臣《けんしん》司馬炎が代わって帝位につく。十五代一五六年の統治。

純陀【じゅんだ】釈尊に最後の食を供養した人。釈尊入滅の前日、純陀はキノコを煮て供養した。胃腸を害していた釈尊は、この食後はげしい腹痛におそわれ夜半に沙羅双樹の林で入滅した。

上宮太子【じょうぐうたいし】五七四～六二二。聖徳太子のこと。用明天皇の第三皇子で、宮殿の南、上殿にいたことより、上宮皇子と称す。『勝鬘経《しょうまんぎょう》』を淑女に、『維摩経《ゆいまきょう》』を紳士に、『法華経』を仏教の帰趣と判じた。また『法華義疏《ほっけぎしょ》』は中国にも伝わり、高名をはせた。

提婆達多【だいばだった】阿難尊者の兄、釈尊の従弟。釈尊に従って出家し神通を学び、身に三十二相を具し、六万の法蔵を誦す。しかし嫉妬我儘の心があり、自らを利すことに執着し、大衆を誘惑して新教団を創り、阿闍世王《あじゃせおう》とともに釈尊に敵対して種々の危害、三逆罪（出仏身血、殺阿羅漢、破和合僧）を犯した。その結果、遂に提婆達多は生きながらにして地獄に堕ちた。『法華経』提婆品では提婆達多が過去世において釈尊の師であったことが明らかにされ、悪人成仏が説かれる。

伝教大師

伝教大師【でんきょうだいし】最澄。七六七～八二二。日本天台宗の祖。比叡山に一乗止観院を創す。入唐し天台、密、禅、律を学ぶ。帰朝後、高雄寺にて諸宗と論議し、華厳、法相、三論、律の大乗四宗に天台法華を知らしめる。法相の徳一と三一権実論争は有名。晩年には円頓大戒壇建立運動を展開する。

天台大師【てんだいだいし】智顗。五三八～五九七。梁《りょう》の武帝の頃

天台大師

に生まれる。南岳《なんがく》慧《え》思《し》の門を叩き法華三昧を得る。華厳、律、禅などの諸宗と論争を展開し、天台宗を天下に弘める。『法華経』などの諸経を講説するが、それは弟子灌頂によって『法華玄義』『法華文句』『摩訶止観』の天台三大部三十巻にまとめられた。

波斯匿王【はしのくおう】中インド。舎衛城の主。釈尊と同日に誕生し、王位を継承した。深く仏教に帰依した。

武宗皇帝【ぶそうこうてい】八一四～八四六。唐の十五代皇帝。唐の衰退期、道教を専信し、廃仏をおこなった。公の寺を定め、その他を廃し、僧数を定め、その他を還俗させた。

平王【へいおう】周の第十三代の王。後継者争いの末、王となった。これにより周は衰え、蛮族の進入を受け、東の洛陽に遷都した。春秋戦国時代へと入っていった。

龍樹菩薩

守屋【もりや】物部大連守屋《もののべのおおむらじもりや》（～五八七）。古代の大氏族。物部氏の代表者。仏教拒否を主張し、仏教を受容しようとする蘇我氏・聖徳太子と対立し、滅ぼされる。

龍樹菩薩【りゅうじゅぼさつ】西暦一五〇～二五〇頃。初め小乗を学んだが満足せず、諸国に大乗を求め遊行し、大龍菩薩の導きにより、大海の龍宮において、七宝の法蔵を読破し、実利を得た。龍王の導きにより成道したことにより、龍樹と名乗る。南インドで活躍し、外道と小乗を破し、八宗の祖とされる。『中論』『十二門論』『大智度論』『十住毘婆沙論』などを著す。また弟子の提婆は『百論』を著す。中国三論宗は、『中論』『十二門論』『百論』を基とする。『大智度論』において、『大品般若経』と『法華経』を対比し「二乗作佛」などにより、『法華経』がより勝れていると判じている。

佛・菩薩・諸天善神

阿閦仏【あしゅくぶつ】大日如来の説法を聞いて発願し、修行ののち成仏して東方の善快という浄土で説法しているという仏。金剛界の五智如来の一。東方に位置して大円鏡智を現す。

虚空【こくう】虚空蔵菩薩のこと。智慧、福徳が広大であって、あたかも虚空に等しいために名付けられた。

四王【しおう】四天王のこと。持国天・増長天・広目天・多聞天。

地蔵【じぞう】地蔵菩薩のこと。釈尊の付嘱を受け、釈尊滅後より弥勒出世に至る無仏時代に、声聞形を現じて六道の衆生を救済する菩薩とせられる。我が国では平安中期より民間に普及して、左手に宝珠、右手に錫杖《しゃくじょう》をもつ比丘形が一般となった。

勢至【せいし】勢至菩薩のことを指し、大勢至・得大勢・大精進とも訳す。浄土教の弥陀三尊の一。阿弥陀仏の右の脇士として、観世音菩薩と相対し、智慧をあらわす。

東方如来【とうほうにょらい】薬師仏のこと。東方の瑠璃世界に住するので、東方如来という。

薬師【やくし】 薬師瑠璃光如来のこと。東方浄瑠璃世界の教主。日光・月光菩薩を脇士とし、左手に薬壺または宝珠、右手は印相を結ぶ。衆生の病苦を除いて、悟りへと導くため医王尊とも称する。

薬叉【やしゃ】 夜叉とも音訳される。天龍八部衆の第三。羅刹とともに北方世界の守護神毘沙門天の眷属として北方を守護する。

コラム７　功徳院日通上人

口絵に一部掲載させて頂いた『立正安国論』の御真蹟ですが、第二十四紙だけは日蓮聖人の御真蹟ではありません。そこには、「此の一紙は、身延山において、御真筆の安国論を以て、之を写し奉る。慶長六　辛丑閏霜月六日　日通（花押）」と書かれています（写真）。

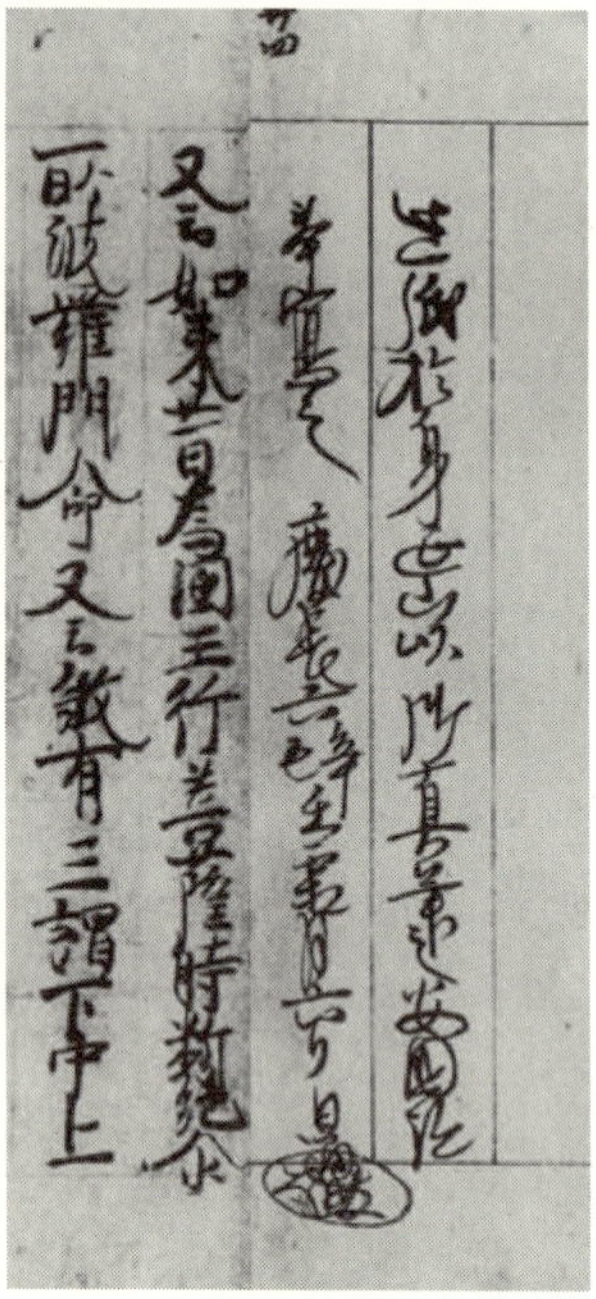

中山法華経寺蔵

これは、「私、功徳院日通が書写しました」ということです。

さて、『立正安国論』は、これまでに少なくとも三本あったことが確認されています。一つは、今見てきた大本山中山法華経寺に所蔵されている国宝の『立正安国論』。二つ目は、大本山京都本圀寺にあります広本と呼ばれる『立正安国論』。三つ目は、かつて総本山身延山久遠寺にありました『立正安国論』です。

一つ目の『立正安国論』は、全部で三十五枚の紙から出来ておりました。それが、何らかの原因で二十四枚目だけ欠落していたそうです。

そこで右にありますように、功徳院日通上人が三つ目の身延の『立正安国論』を臨写することでこの二十四紙を補われたそうです。

この功徳院日通上人とはどのような方なのでしょうか。

下総中山法華経寺の日璃上人のもとで学び、後、京都本法寺の第十世となられるまで、関西学派の名僧、仏心院日珖上人に仕えられました。この京都の地では、本阿弥家や長谷川等伯の帰依を受けるなど、学問、文化、芸術に精通しておられました。その後、中山法華経寺第十四世となられました。

その際、後世に日蓮聖人の偉功を残していこうと同寺に所蔵されていた『観心本尊抄』など日蓮聖人の御遺文を忠実に摸写されます。その中の一つの大きな事業として『立正安国論』の臨写をなさいました。慶長六年（一六〇一）十一月六日のことであります。

日通上人は、中山からはるばる身延まで出て行かれ書写されたのでしょうか。

一見すると、日蓮聖人と同じ字体で、写されたものであるとは気付きません。そこに敢えてお名前を入れられたことに日蓮聖人への思いを感じずにはいられません。（中尾堯『ご真蹟に触れる』五十四ページ参照。）

現在でも、日通上人が『立正安国論』全部を臨写されたものが本山京都本法寺に所蔵されています。

立正安国論意訳

第一問　国難の原因を問う

第一章　災難の有様を挙げる　35頁

旅人が来て嘆いて言います。近年、天変地異や飢饉・疫病などの災難が世の中にはびこっています。牛や馬は至るところで死んでおり、骸骨が路上に散乱しています。そして多くの人々は死に絶え、これを悲しまない者は一人もおりません。

第二章　対治の手段を列ねる　35頁

このような惨状を脱しようとして、「苦を滅する利剣は弥陀の名号を称えることである」という善導の『般舟讃』の文を信じ、ただひたすら西方浄土の教主の阿弥陀仏の名ばかりを称える者がいます。あるいは「我が名号を一度聞けばあらゆる病は取り除かれる」という東方の薬師如来の誓願を信じて、その経文を読誦する者がいます。あるいは「この経を聞けば、病は消滅し、不老不死となる」という『法華経』薬王品の言葉を信じ、『法華経』を真実の妙文として崇める者がいます。あるいは『般若経』を講讃すれば七難は消え七福が生ずる」という『仁王般若経』の句を信じて、百人の僧がこの経を講ずる仁王会の儀式を営んでいます。あるいは秘密真言の教えによって五つの瓶に水を注ぐという祈祷を行い、あるいは坐禅を修してすべてを空と観じて苦を離れようとする者もいます。また、ある者は七鬼神の名を書いて門ごとに貼りつけ、ある者は五大力菩薩の姿を描いて家ごとに懸け、ある者は天地の神々を拝して四角四堺の祭という災難を除く儀式を行っています。また為政者は民衆の苦悩を哀れんで、様々な徳政を行っています。

第三章　対治の験し無きを嘆く36頁

しかし、それらも心を砕くだけで効果は無く、飢饉・疫病はさらにひどくなるばかりです。家を失いさまよい歩く者や死者ばかりが目につきます。死骸は積みあげられ物見台のようになり、橋のように並べられています。

第四章　国難の原因を問う　36頁

よくよく考えてみると、天では日月が昼夜を照らし、木星・火星・金星・水星・土星の五つの惑星は、玉を連ねたように規則正しく運行しています。仏法僧の三宝が人々に尊ばれ、百代の帝王がその座にあって変わることはありません。しかし、うち続く災難によってどうしてこの世はこんなにも早く衰え、仏法も王法もこのように廃れてしまったのでしょうか。これは一体どのようなわざわいや誤りが原因となっているのでしょうか。

第一答　国難の原因を答える

第一章　客の悲嘆に和する　36頁

主人が答えます。自分もこのことを心配し、災難の原因について深く思い悩んで、ひとり心を痛めるばかりでした。幸い来て下さったあなたも同じように嘆かれているので、しばらくこの問題についてお互いに語り合いましょう。

第二章　客の疑問に和する　37頁

そもそも、出家して仏道に入るのは、仏の教えによって悟りを開き仏に成りたいからです。しかし今、世の中を見ると神への祈りもかなわず、仏の御加護もありません。このような状況を見ては、末来の成仏も疑ってしまいます。そこでただ、天を仰いでは恨みに思い、地に伏しては深く憂うばかりです。

第三章　国難の原因を答える　37頁

そこで、視野の狭い見方しかできない私ですが、経文を紐解いて見てみますと、この災難の原因が、世の人々が皆正しい教えに背いて悪法邪法に帰依しているからだと分かりました。ですから、守護の善神はこの国を捨て去り、聖人も去ったまま帰ってくることはありません。このために悪魔・悪鬼が押し寄せ、次々に災難が起こるのです。これは、言わずにはおられなく、恐れなければならない重大事です。

第二問　国難の経証を求める　37頁

客は尋ねて言います。近年うち続く天災や国難については、ただ私一人だけが嘆いているのではなく、すべての人々が悲しんでいます。今あなたの居所を尋ねて、尊いお言葉を承りましたが、善神や聖人が去ったために災難が連続して起こるということは、どの経典に説かれているのか、その証拠をお聞かせ下さい。

第二答　国難の経証を示す

第一章　前言　38頁

主人が答えます。それを証明する経文は非常に多く、その証拠は広く一切経にわたっています。

第二章　引証

第一証　金光明経

第一　国王の不信　38頁

『金光明最勝王経』四天王護国品第十二に、持国・増長・広目・毘沙門の四天王が仏に申し上げていうには、

「ある国があって、この経が伝わっていたものの、少しも広まらず、その国王も人々も、この経を捨てて顧みず、聴こうともしません。また供養、尊重、讃歎しようともしません。比丘・比丘尼・優婆塞・優婆夷の四部衆の仏弟子たちを見ても、尊んだり供養しようともしません。そこで、我等四天王とその従者や天の神々は、この尊くありがたい妙法の教えを聞くことができないので、甘露の法味を受けることができず、正法の流れに浴することもできず、権威や勢力が無くなってしまうのです。そのため地獄・餓鬼・畜生・修羅の四悪趣の悪い精神ばかりが増長し、人間界や天上界の善心は減り衰え、人々は皆、生死の煩悩の河に落ちて、悟りの路に背くことになります。

第二　善神の上天　38頁

世尊よ、我ら四天王とその従者や夜叉などは、このような国王や人民の不信の有り様を見て、その国を捨て去って、守護しようとする心を起こさなくなります。ただ我らだけがこの不信の国王を見捨てるだけではありません。その国を守護する多くの諸天善神がいたとしても、皆すべてその国を捨て去るでしょう。

第三　災難の続出　39頁

私たちがその国を捨て去ってしまえば、その国には色々な災難が起こり、国王はその位を喪失するでしょう。そして人民はすべて、道徳心や宗教心といった善心を失って、ただ他者を縛り、殺し、争い、お互いに謗りあい、上にへつらい、罪のない者を陥れるようなことをするで

しょう。疫病が流行し、彗星がしばしば出て、太陽が同時に二つ現われたり、日蝕や月蝕も一定せず、黒と白の二つの虹が出て不吉の相を表し、星が流れ、地震が起き、井戸の中からは異様な声が聞こえるでしょう。季節外れの暴風雨が襲い、五穀は実らず飢饉が続くでしょう。さらには、外国から多くの賊が攻めてきて国内を侵略し、人々は多くの苦悩を受けて、国中どこにも安心して暮らせる所は無くなるでしょう」と。〈以上、経文〉

第二証　大方等大集経

第一　仏法の衰滅　39頁

『大方等大集経』法滅尽品には次のように説かれています。
「仏法が滅びようとする時には、僧たちは鬚や頭髪や爪を伸ばし、僧としての規範を失い、戒律も乱れるでしょう。

第二　災難の続出

一　地震　40頁

その時、虚空に大きな声が鳴り響いて大地を震わせ、地上にあるものはすべて水車のように回り動くでしょう。城壁は崩れ落ち、家はみな壊れ、大地に生える樹林の根も枝も葉も花も果実も、それらの持っている薬味も尽きてしまうでしょう。ただ、浄居天以外の七味や三精気は残らず消えるでしょう。また、迷いを断って悟りを得るための正しい教えを述べた多くの書物も、この時にすべて消滅してしまうでしょう。

二　天旱　40頁

また、大地に生ずる花や果実も少なくなり、その味も悪くなるでしょう。すべての井戸や泉や池は涸れ果てて、土地は塩気を含んだ不毛の地となり、ひび割れてしまうでしょう。山は異常な乾燥のため燃えあがり、天の龍は一滴の雨も降らさないでしょう。穀物の苗は皆枯れ尽き、その他の作物も枯れ果てて、雑草すら生えることはありません。土が降って昼間でも暗くなり、太陽も月もその明るさを失ってしまうでしょう。国のすべてが、日照りに悩まされ、しばしば色々な凶兆が現われるでしょう。

三　人悪　40頁

世の中には十種の悪業がはびこり、特に貪り・瞋り・愚かの心、三毒がますます倍増するでしょう。人々は父母に対しても、臆病な鹿が人に追われて自分だけ助かろうとして仲間をかまわなくなるように、不孝の罪を犯すようになります。人の数も、寿命も、体力も、勢威も、快楽も減って、人間や天上の楽しみが遠ざかり、すべて地獄・餓鬼・畜生の三悪道に堕ちるでしょう。

第三　善神の捨国　41頁

このような仏法に背く悪王・悪僧が、私の正法を壊して、人間や天上の道を傷つけるでしょう。そうなれば人々を慈れみ救おうとする諸天善神も、この濁った悪国を捨てて、皆他の国へ去ってしまうでしょう」と。〈以上、経文〉

第三証　仁王経護国品　41頁

『仁王般若波羅蜜多経』護国品には次のように説かれています。
「正法が失われ国土が乱れる時は、すべての善神が去って、悪鬼が力を得て万民を悩まします。外国から賊が攻め寄せ国をおびやかし、多くの人々は命を失い、君主、太子、王子、百官の間に争いが起こるでしょう。天地には怪しい現象が現れ、二十八の星座、月や日の巡りに狂いが生じ、多くの賊が各地で反乱を起こすでしょう」と。

第四証　仁王経受持品　41頁

また『仁王経』受持品には次のように説かれています。

「今、肉眼・天眼・慧眼・法眼・仏眼の五眼によって三世を見てみると、国王たちは、過去の世で五百の仏に仕えた功徳によって、現世に帝王・国主となることができたのです。さらにこの功徳によって、聖者や聖僧たちがその王の国土に生まれ、大いなる利益を与えてくれるでしょう。しかし王の積んだ功徳が尽きる時には、聖者たちはその国を捨て去るでしょう。すべての聖者が去ってしまったならば、その国には必ず七つの難が起こるでしょう」と。〈以上、経文〉

第五証　薬師経　42頁

『薬師瑠璃光如来本願功徳経』には次のように説かれています。

「国王や王族などの不信心によって国に災難が起こるならば、疫病の流行、外国からの侵略、国内の戦乱、星の運行の変異、日蝕や月蝕で太陽や月の光が失われること、時ならぬ風雨、旱魃の七つの難が起こるでしょう」と。〈以上、経文〉

第六証　仁王経

第一　日月失度の難　42頁

『仁王経』受持品には次のように説かれています。

「波斯匿王よ、私が教え導く範囲の中には、百億の世界があります。各世界には須弥山があり、太陽があり、月がありま す。それぞれの須弥山の四方には四つの大陸があります。そのうちの南方閻浮提には十六の大国、五百の中国、一万の小国があります。これらの国土には七つの恐るべき難があり、すべての国王はこの難を恐れています。その難とは、日月の運行が狂って寒暑の時節が逆になり、赤い太陽が出たり、黒い太陽が出たり、二つ三つ四つ五つと太陽が並んで出たり、あるいは日蝕があって太陽の光が無くなったり、あるいは一重、二重、三重、四重、五重と太陽が重なって現れたりするのが、第一の難です。

第二　衆星変怪の難　43頁

二十八の星座の運行が狂い、金星や彗星が現われたり、輪星・鬼星・火星・水星・風星・刁星・南斗・北斗・五鎮の大星・一切の国主星・三公星・百官星などの様々な星が、色々変わった現われ方をするのが、第二の難です。

第三　諸火焚焼の難　43頁

大火災が起きて国を焼き、万民がみな焼死し、あるいは鬼の起こす火、龍の降らす火、落雷のために起こる火、神仙の起こす火、人災による火、樹から生ずる火、賊の放つ火が数々起こるのが、第三の難です。

第四　諸水漂没の難　43頁

大水が出て万民を溺れさせたり、気候が逆転して冬に雨が降り、夏に雪が降り、冬に雷が落ちたり、六月の暑中に氷や霜やひょうが降ったり、赤い水、黒い水、青い水が降ったり、土の山や石の山が降ってきたり、砂や小石や石が降ったり、河が逆流したり、大水によって山を浮かべ、石が流れたりするような異変が生じるのが、第四の難です。

第五　大風数起の難　44頁

大風が万民を吹き殺し、国中の山河草木が枯れてしまったり、不慮の大風や、黒い風、赤い風、青い風、天から吹く暴風、つむじ風、火のような熱い風、水のような冷たい風など、風が異変を起こし吹き荒れるのが、第五の難です。

第六　天地亢陽の難　44頁

日照りが続いて、熱気が地下にまで浸透し、あらゆる草は枯れて、五穀も実らず、土地は焼け尽き、そのため人々は死に絶えてしまう。このような日照りによる異変が、第六の難です。

第七　四方賊来の難　44頁

四方から賊が攻めてきて侵略し、国内にも戦乱が起こり、大火や大水、暴風につけ込む賊や、鬼のような賊が横行して、人心は荒れすさみ、ついに世界中に大戦乱が起こるのが第七の難です」と。〈以上、経文〉

第七証　大方等大集経　44頁

『大集経』護法品には次のように説かれています。

「限りない過去の世に、布施・持戒・智慧を修行して、その功徳によって、現世に国王と生まれても、仏法が滅びようとするのを見て、見捨てて護ろうとしないならば、過去世に積んだ無量の功徳もすべて消滅して、その国には三つの不吉なことが起こるでしょう。一に飢饉、二に戦乱、三に疫病です。善神がその国を捨ててしまえば、王の命令に庶民は従わず、隣国から侵略されるでしょう。また、大火が次々起こり、悪風、洪水が重なり増水して、人々は溺れ死に、王の一族から謀叛が起こるでしょう。王は重病に冒され、死後は地獄に堕ちるでしょう。王だけでなく、王妃も太子も大臣も将軍も、そして柱と頼む師や地方の役人、様々な官職にある者も、皆この苦しみを受けるでしょう」と。〈以上、経文〉

第三章　結　45頁

右にあげた『金光明最勝王経』『大集経』『仁王経』『薬師経』の四経の文は、災難の原因が正法を護らないことにある、と説くことは明らかです。一体誰がこれを疑うでしょうか。ところが道理に暗い人は、浅はかにも間違った考えを信じて、正しい教えをわきまえません。そのため世の中の人々は、仏や経を捨て去る心を起こして、正法を護ろうとする志がないのです。そして国を護る善神や正法を伝える聖人が、国を捨て去ってしまい、その隙につけ込んで悪鬼や悪い法を説く人々がやってきて、災難を起こすのです。

第三問　謗法の事実を疑う

第一章　仏法の隆盛を叙する　51頁

客は大いに怒り、顔色を変えて言います。中国では後漢の明帝が、金色に輝く尊い人の夢を見て仏教の渡来を知り、使者を遣わして仏教を求めさせました。そして白馬に経典や仏像を乗せて中国に向かう摩騰迦・竺法蘭の二人の高僧に出会い、これを迎えて白馬寺を建て、仏教の拠点としたのです。日本では仏教に反対し政権獲得のために反逆を企てた物部守屋を、聖徳太子が滅ぼしました。その戦勝の報恩に四天王寺を建て、仏教興隆の基礎としました。それ以来、上は天皇から下は一般庶民に至るまで、すべての人々が仏像を崇め、経巻を尊ぶようになったのです。それため比叡山、奈良、園城寺、東寺を始め、畿内・七道の日本の津々浦々に仏像と経巻は星のように連なり、多くの寺院が建てられています。舎利弗のように智慧を磨く人々は、霊鷲山において説かれた真実の教えを学び、鶴勒まで伝えられた仏法は、鶏足山に入った迦葉から連綿として続いています。

第二章　謗法の証拠を求める　51頁

このように日本の仏教は盛んなのに、一体誰が仏教を軽んじ、仏法僧の三宝の跡を絶やしたと言われるのでしょうか。もしその証拠があるならば、詳しくお聞きしたい。

第三答　謗法の事実を証する

第一章　謗法の事実を示す　51頁

主人は客を諭して言います。確かに、寺塔は甍を連ね、経蔵も軒を並べています。僧侶は、竹や葦、稲や麻が群生しているように多くいます。信者の帰依も昔から変わることなく、尊敬を日に新たにしています。しかしその僧侶の内実は、心は他者にへつらいよこしまで、人を惑わし、国王の下臣は愚かなので、僧侶たちの説く教えが正しいかどうかをわきまえることができないのです。

第二章　謗法の経証を示す

第一証　仁王経　52頁

『仁王経』嘱累品には、次のように説かれています。

「多くの悪僧がいて、自己の名誉や利益ばかりを求めて、国王や太子や王子などの権力者に近づき、正法を破り、国を滅ぼすような誤った教えを説くでしょう。その王たちは正しいかどうかを理解することができず、その言葉を信じ、勝手な法律や制度を作り、正法を護れという仏の戒めに背くでしょう。これが仏法を破り、国を滅ぼす原因となるのです」と。

〈以上、経文〉

第二証　大般涅槃経　52頁

『涅槃経』高貴徳王品には、次のように説かれています。

「菩薩たちよ、悪象には少しも恐れる必要はない。しかし悪師には気を付けなければなりません。なぜならば、悪象に殺されても自己の悪業によるものではないので、地獄・餓鬼・畜生の三悪趣に落ちることはありませんが、悪師のために殺されたならば、自己の心身にわたる悪業の結果なので、必ず三悪道に落ちるからです」と。〈以上、経文〉

第三証　妙法蓮華経　52頁

『法華経』勧持品には次のように説かれています。

「悪世の僧たちは、よこしまな智慧を持ち、媚びへつらいの心によって、悟りを得てもいないのに悟ったと思い、高ぶりの心で満たされるでしょう。あるいは人里離れた静かな場所で、粗末な袈裟を身にまとい、自分は真実の仏道を修行していると思って、人々を見下すでしょう。利益や物欲にとらわれ、在家の人たちに法を説いて、聖者のように尊敬される様子は、六種の超人的な力を具えた羅漢と尊ばれる人のようでしょう。（中略）彼らは多くの人々に、私たち正法を弘める者を謗り、国王や大臣や婆羅門や長者や他の僧たちに、私たちの悪行を言いたてます。そして彼らは私たちを、間違った考えを持っており、異端の説を説いている、と非難するでしょう。世の中が乱れ濁ってくると、さらに多くの恐ろしいことがあります。悪鬼が彼らの身に入って、私たちを罵り辱しめるでしょう。濁った世の悪僧たちは、仏の方便の教えが相手の能力に応じて説かれたことを知らないで、私たちに悪口し眉をひそめ、しばしば追い出そうとします」と。〈以上、経文〉

第四証　大般涅槃経　53頁

『涅槃経』如来性品にも次のように説かれています。

「私（釈尊）が入滅した後、計り知れない時間を経て、四つの悟りの段階に達した聖者たちも、すべて入滅してしまいます。仏の教えが正しく行なわれる時代が過ぎて、形ばかりの仏法が残る像法の時代にも、出家者がいるでしょう。彼らは形だけ戒律を守っているように見えても、わずかばかり経を読み、ただ飲み食いに執着し、自己の身を養うことだけを考え、袈裟は着けていても、まるで猟師が目を細めてそっと獲物に近づくように、また猫が鼠を窺うように世渡りをします。そして、いつもこのように言うでしょう。自分はすべての煩悩を断ち切った阿羅漢の境地に達している、と。外見は聖者のように装っていますが、内面は貪りと嫉みの心で充たされています。ちょうど無言の行をして悟り澄ました婆羅門などのように、実は出家でもないのに出家の姿をし、よこしまな考えが盛んで、正法を謗るでしょう」と。〈以上、経文〉

第三章　謗法の事実を決す　54頁

これらの経文に基づいて今の世の中を見ますと、まさに仏教界もこの通りです。悪僧、すなわち謗法の人を誡めないで、どうして善いことができましょうか。

第四問　謗法の人法を求める　54頁

客はさらに憤って、次のように言います。賢明な帝王は天地を貫く道理に従って民衆を導き、聖なる君主は道理をわきまえて世の中を治めます。今の世の僧侶は国中の人々の帰依するところです。もしあなたのいわれるように悪僧であれば、賢明な帝王が信ずるはずがありません。また聖師でなければ賢人・哲人といわれる人々が仰ぐはずがありません。賢王や聖人が尊敬し重んじていることから見ても、今の高僧たちが立派な僧侶であることが分かります。それなのに、なぜ妄りに人を迷わす言葉を吐いて、そのように強く謗るのですか。一体誰を指して悪僧だというのでしょう。詳しく承りたいものです。

第四答　謗法の人法を示す
第一章　法然上人の選択集の誤りを指摘する　55頁

主人が答えて言います。後鳥羽上皇の時代に法然房源空という者がいて、『選択本願念仏集』（以下『選択集』）という書を著作しました。それによって、釈尊一代の尊い教えを破り、世の中の多くの人々を迷わせてしまったのです。

第二章　法然上人の選択集を批判する

第一節　引文

第一段の文（一）　55頁

『選択集』第一章には次のように記されています。

「道綽禅師が『安楽集』に、仏教を聖道門と浄土門の二門に分けて、聖道門を捨てて浄土門に入るべきであると説いています。初めに聖道門とは、これを二分することができます。すなわち大乗教と小乗教の二つです。大乗教の中にも顕教・密教、権教・実教があり、道綽禅師は小乗教と大乗教の顕教と権教とを聖道門とした。これに基づいて私（法然）が考えるに、密教も実大乗教も聖道門の中に含まれるべきです。そう考えれば、今の世に信仰されている真言・禅・天台・華厳・三論・法相・地論・摂論の八宗は、皆聖道門の中に入るべきです。

第一段の文（二）　56頁

さらに曇鸞法師の『往生論註』には、次のように書かれています。「謹んで考えると、龍樹菩薩の『十住毘婆沙論』には、菩薩が悟りを求めるのに二つの道があると記されています。一は難行道、二は易行道です。難行道とは、聖道門のことで、易行道とは、浄土門のことです。

第一段の文（三）　56頁

浄土宗を学ぶ者は、何よりも先に聖道門と浄土門の区別を知らなければなりません。例えそれまでに聖道門を学んでいる人でも、浄土門の教えに帰依し、西方往生を願うのなら、聖道門を捨てて浄土門へ入らねばなりません」と。

第二段の文（一）　56頁

『選択集』第二章には次のように言っています。

「善導和尚は『観無量寿経疏』に、正行・雑行の二種の修行法を立て、雑行を捨てて正行に入らねばならないと説いています。

第二段の文（二）　56頁

第一の読誦雑行とは、往生浄土を説いた『観無量寿経』・『大無量寿経』・『阿弥陀経』の三部経を除く大乗・小乗、顕教・密教の諸経を信じて受け持ち、また読んだりすることをすべて読誦雑行と名付けます。第三の礼拝雑行とは、阿弥陀如来を礼拝することを除いて、その他すべての諸仏・菩薩、あるいは諸天などを拝んだり敬ったりすることを、礼拝雑行と名付けます。

第二段の文（三）　57頁

そこで私（法然）はこう考えます。善導和尚が示されたこの文を拝見すると、すべての雑行を捨てて専ら念仏の正行を修行すべきであると勧めたのです。どうして百人が百人ともに往生できるという専修念仏の正行を捨てて、千人に一人も成仏できないという雑修雑行に執着する必要があるのでしょうか。仏道を修行しようとする者は、よくこのことを考えるべきです」と。

第十二段の文（一）　57頁

『選択集』の第十二章には次のように記されています。

「唐の貞元年間（七八五―八〇五）に西明寺円照によって編集された『貞元入蔵

録』という経典の目録には、最初の『大般若経』六百巻から、最後の『法常住経』に至る顕教・密教の大乗経は、合計すると六百三十七部二千八百八十三巻あります。これらの経典を読誦することは、『観無量寿経』にいう読誦大乗の一句に収められてしまうのです。

第十二段の文（二）　57頁

したがって、よく理解すべきことは、仏が方便として教えを説かれる場合には、定散二善の様々な修行の門が開かれていますが、仏が自らの本懐に従って真実を述べた後には、元へ戻って定散の二門は閉じられています。末法の衆生の前に一度開いて後、永遠に閉じられることのないのは、ただ念仏の一門だけなのです」と。

第八段の文　58頁

『選択集』の第八章には次のように記されています。

「念仏の行者は必ず至誠心・深心・回向発願心の三種の心を具えなければならない、と『観無量寿経』に説かれています。善導和尚の『観無量寿経疏』には、「仏法の理解と修行の不同を主張し、念仏によって往生はできないという邪見雑行の人があるでしょう。その様々な異見の難を防ぐため、譬えを示しましょう。西方を志す旅人が、東から西に続く道をわずかに一歩二歩と進むと、東岸の群賊たちが危険だから引き返せと叫んでいます。群賊たちが呼び返すというのは、念仏によって往生できないという邪見雑行の人が、念仏の行者を妨げることを譬えたものであす」とあります。

私（法然）が考えるに、この注釈の中で念仏の行者と学解を異にし、修行を異にし、学問や思想識見を異にする者というのは、聖道門を指すのです」と。〈以上、引用〉

第十六段の文　58頁

『選択集』第十六章の結びの文には次のように記されています。

「速やかに生死の苦しみから離れようと思うならば、聖道・浄土二門のすぐれた教えのうち、覚り難い聖道門はしばらくさしおいて、自ら選んで浄土門に入るべきです。浄土門に入ろうと思うならば、正行・雑行の二種の修行法のうち、種々の雑行をなげうって、自ら選んで念仏の正行に帰依すべきです」と。〈以上、引用〉

第二節　批判

第一　正しくその謗法を批判する

一　引文の趣旨を結する　59頁

このような『選択集』の見解を見ますと、法然上人は曇鸞法師・道綽禅師・善導和尚の誤った解釈を引いて、釈尊の教えを聖道門と浄土門という二門に区別し、仏道修行を難行道と易行道という二道に区別しています。そして『法華経』及び真言を始め、釈尊ご一代の大乗経典六百三十七部二千八百八十三巻と、あらゆる諸仏・諸菩薩及び神々を、すべて聖道門・難行道・雑行の中に収め、「捨てよ・閉じよ・閣けよ・抛てよ」との四字を示して多くの人々を迷わしています。それればかりでなく、インド・中国・日本の聖僧や仏弟子をすべて群賊だと罵っているのです。

二　法然上人の謗法を断定する　59頁

このような言葉は、近くは法然房源空が依り所としている浄土三部経の中の『大無量寿経』の第十八願に「五逆罪を犯した者と、正法を謗った者は往生できない」とある阿弥陀如来の誓いの文に背き、また遠くは一代仏教の中心である『法華経』第二巻の譬喩品の「もし人がこの経を信じないでに謗れば、その人は死してのち無間地獄に堕ちる」という釈尊の誡めの文に背くものです。

第二　因みにその影響を嘆く

一　念仏の隆盛を嘆く　60頁

今の世は末世であり、仏教を受け止める人の能力も劣り、決して聖人ではありません。人々は皆迷いの道に入りこんで悟りへの道を忘れています。悲しいことに、誰もその誤りを指摘し迷いを覚まそうとはしません。痛ましいことには、間違った信仰がますます広まっています。したがって、上は国王から下は一般民衆に至るまで、みな経といえば浄土三部経以外にはなく、仏といえば阿弥陀三尊しかないと思っています。

二　正法の衰微を嘆く　60頁

その昔、伝教・義真・慈覚・智証などの先師たちは、万里の波濤を渡って唐からもたらした聖教、さらには各地の山川を回って求めた仏像、それらを比叡山の頂に堂塔を建てて安置し、あるいは深い谷に寺塔を建てて崇めました。また比叡山の東塔には薬師如来が、西塔には釈迦如来が安置され、その救いの大慈悲は現在だけでなく、未来までも威光を及ぼしています。さらに横川の般若谷には虚空蔵菩薩が、戒心谷には地蔵菩薩が祀られて、教化利益の力は後生にまで施されました。だからこそ国主は郡や郷の土地を寺領として寄進して、ご宝前の灯明が限りなく輝くものとし、地頭は土地や田畑を捧げて供養としました。ところが法然上人の『選択集』が世に出てからは、人々はこの裟婆世界の教主釈尊を忘れ、西方極楽世界の阿弥陀如来を貴び、伝教大師から続いてきた東方浄瑠璃世界の教主の薬師如来への信仰は捨てられ、ただ浄土の四巻三部の経典のみを依り所として、釈尊一代の経典は捨てられてしまいました。そして阿弥陀堂でなければ供養も捧げず、念仏の行者でなければ、僧に布施をするという尊い思いも忘失してしまったのです。そのため仏堂は荒れ果て、僧房は荒廃してただ草ばかりが茂り、露を深く宿しています。しかしそれでも、惜しみ、護ろうと思う者はなく、再建しようとする者もありません。このような有り様ですので、住持の僧は逃げて帰らず、守護の善神も去って、再び戻って来ることもありません。これはみな、法然上人の『選択集』から起こったことなのです。

第三章　選択集の謗法を結する　61頁

誠に悲しむべきことには『選択集』が著わされてから現在に至るまで数十年の間、百千万もの人々がこの説によって本心を失い、多くの人が仏教の正道に迷ってしまいました。傍らのことに気を奪われ正統を忘れるならば、守護の善神も必ずお怒りになるに違いありません。円満具足の正しい『法華経』を捨てて、よこしまな浄土念仏を信ずるならば、悪鬼がその機会を狙って入りこみ、日本国を混乱させることは間違いありません。そのため、様々な祈祷を修して災いを除くことを祈るよりも、この災いの根源である念仏を禁止することが、まず第一になされなければならないのです。

第五問　国難の原因を疑う

第一章　念仏の弘布を述べる　66頁

客は一段と怒りの色をあらわにして言います。私たちの本師釈迦牟尼仏が浄土三部経を説かれてから今日まで、中国の曇鸞法師は四論の講説を止めて浄土の教えに帰依し、道綽禅師は『涅槃経』に説かれる五つの修行である聖行・梵行・天行・嬰児行・病行を捨ててひたすら西方往生の修行を弘め、善導和尚は種々の修行をなげうって専ら念仏の一行を修したのです。また日本の恵心僧都源信は、諸経の要文を集めて念仏の一行だけが肝心とする教えを示しました。このように中国や日本の先師たちが阿弥陀仏を尊重していることは明白であります。また念仏によって往生を遂げた人も、どれほど数多くいるか知れません。

第二章　法然上人の盛徳を讃する66頁

中でも特に法然上人は、幼少の時から比叡山に登り、十七歳で天台の三大部六十巻。天台大師の『法華玄義』『法華文句』『摩訶止観』の三十巻と妙楽大師がそれを註釈した『法華玄義釈籤』『法華文句記』『摩訶止観輔行伝弘決』の三十巻を学び、南都六宗と・平安二宗の八宗の教義を究めました。その上、一切経や論疏を七回も繰り返して読まれ、注釈書や伝記類までも閲読し、究めないものはありません。その智慧は日月の光に等しく、徳の高いことは先師たちをも越えています。それでもなお、生死の迷いを離れることはできず、悟りに至る旨を体得することはありませんでした。そこでさらに、広く浄土の先師の書を読み、今の時代や人々の機根をよく考えて、浄土門の修行に思いを巡らせ、聖道門の悟り難いことを考え合わせて、ついに諸経をなげうって専ら念仏の一行を修行されたのです。その上、善導和尚の夢のお告げを得られて、広く人々に念仏を広めたのです。そこで人々は勢至菩薩の化身と呼び、善導和尚の再誕であるとも仰いでいます。そして、多くの人々はその教えを聞こうと頭を低くし、その元を訪れたのです。それ以来今日まで年月は流れ、数十年が過ぎました。

第三章　法然上人の謗法を否定する67頁

それにも関わらず、貴僧は畏れ多いことに、釈尊の説かれた浄土三部経を軽んじ、心のままに阿弥陀仏の誓願を謗られる。どうして近年の災難の原因を、法然上人の時代にまで遡って責任を負わせ、無理に曇鸞・道綽・善導などの先師を謗り、さらに法然上人を罵るのですか。それはまるで、毛を吹いて傷口を探し、皮を切ってわざわざ血を出すようなものです。今日に至るまで、このような悪口雑言は聞いたことがありません。誠に恐ろしいことですし、慎しむべきです。その罪は極めて重く、科は到底逃れられません。こうして対座していることさえ恐ろしいことです。私はこれで中座して、直ちに帰ろうと思います。

第五答　国難の原因を決する

第一章　客の迷いを諭す　67頁

主人はにっこりと笑い、客を止めて言います。蓼（たで）の葉の辛い味も、慣れてしまえば気にかからず、臭いもの身知らずと言います。これと同様に、判断がつかなくなると、善い言葉を聞いても悪口と思い、正法を謗る人を指して聖人といい、正しい師を見ても、疑って悪僧と見なしたりするものです。その迷いは誠に深く、その罪は決して浅いものではありません。

第二章　謗法の相を決する　68頁

まず事の起こりをよくお聞きなさい。法然上人の主張の問題点を詳しくお話ししましょう。釈尊一代五十年の説法には、華厳時・阿含時・方等時・般若時・法華涅槃時の五時があり、また前後の順序があり、方便の教えである権経と、真実の教えである実経とに分けられます。しかしながら曇鸞法師・道綽禅師・善導和尚らは、先に説かれた方便権教を取って、後に述べられた法華実教を忘れて、捨ててしまったのです。彼らはいまだ仏教の根底を究めていないのです。

特に法然上人は曇鸞法師たちの浄土三師の流れをくむ者ですが、その根源が法華実教にあることを知らないのです。なぜなら、『貞元入蔵録』記載の大乗経典である六百三十七部二千八百八十三巻、そしてすべての仏・菩薩、及び神々を「捨てよ、閉じよ、閣け、抛て」と四字に当てて放棄し、多くの人々の心を迷わせているからです。これは法然上人一人が自分勝手に曲げて解釈した言葉であり、全く仏説に基づいていません。それらの不適切な言動や、悪口の罪は他に比べるものもなく、責めても責め尽くせません。人々は法然上人の誤った言葉を信じ、『選択集』を尊んでいます。そのため、浄土三部経だけを崇めて他の諸経を投げ捨て、極楽世界の阿弥陀仏の一仏だけを拝んで、他の諸仏を忘れています。法然上人こそ、諸仏諸経の敵であり、聖僧や大衆の敵であります。ところが今やこの誤った考え方が広く四方に弘まり、また広く十方世界に流布しています。

第三章　国難の因を決する

第一節　序言　69頁

そもそもあなたは、私が近年の災いは過去の人の責任だと、その罪を責めたことにひどく恐れを抱いています。そこで少しばかり先例を引いて、その根拠があることを証明し、あなたの迷いを晴らしましょう。

第二節　引例

第一　台荊の釈を引く　69頁

天台大師の『摩訶止観』第二に、史記を引用して次のように記しています。「周の時代の末に、髪を長くしてふり乱し、衣服も着ないで肌をさらし、礼儀をわきまえない者たちがいました」と。この『摩訶止観』の文を解釈するために、妙楽大師は『摩訶止観弘決』の中で『春秋左氏伝』を次のように引用しています。「最初に周の平王が、外敵に侵略されて都を東へ遷す時、伊川のほとりで髪を乱した者が、野において祭りをしているのを見ました。大夫の職にある辛有が嘆いていうには、百年もたたないうちにこの地も周の領土ではなくなるかもしれない。それは、既に礼儀が廃れてしまっているからです」と。

この文から分かるのです。出来事が起こる前にはその前兆があり、災難が後に必ず出現するということを。

また『摩訶止観』には、続いてこのように記されています。「阮籍はすぐれた才能を持った人でしたが、髪を伸ばし、いつも帯も締めずにいました。そのため、地位の高い公卿の子弟たちもこれに習い、下品な言葉で相手を罵ったり、礼を無視することが自然であるといい、礼儀を守り慎み深い者を田舎者と軽蔑したのです。これが司馬氏の滅びる前兆でした」と。〈以上引用〉

第二　慈覚大師の記を引く　70頁

また、慈覚大師の『入唐求法巡礼行記』には次のように記されます。

「唐の武宗皇帝が統治する会昌元年（八四一）のこと。皇帝は章敬寺の鏡霜法師に勅命を下して、各寺院を三日ずつ巡回し弥陀念仏の教えを伝えるようにしました。すると、同二年にはウイグルの兵士が唐の国境を侵略し、同三年には河北の警備をしていた節度使が唐の国家に対し反乱を起こしました。その後、チベットも唐の命令を拒否し、さらにウイグルが再び唐の領地を侵略しました。このような戦乱の続いた例は、秦から漢へと移る時代と同じで、兵火によって多くの村や里が災難にあったのです。それだけでなく、唐の武宗皇帝は仏教を迫害し、多くの寺塔を破却しました。そのため皇帝は反乱を鎮めることができず、ついに自分の命にも及んだのです」と。〈以上、取意引用〉

第三節　結答　71頁

このような中国の歴史的事例を見て、今の日本の現実に照らし合わせて考えてみますと、法然上人は後鳥羽上皇の時代、建仁年間（一二〇一―一二〇四）の人です。後鳥羽上皇が承久の変によって隠岐の島に配流されたことは眼前の事実です。念仏が災難の原因であるということは、唐にその実例があり、日本にもその証拠が顕われています。疑ってはいけません。怪しんではいけません。近年に続く災難を除くためには、まず念仏を捨てて、法華経の善に帰依し、災難の源をせき止め、謗法の根を断ち切らなければなりません。

第六問　奏上の不可を説く　71頁

客は少し態度を和らげて次のように言います。いまだ奥深いところまでは理解できませんが、おおよその趣旨は分かりました。しかし、今の日本は京都から鎌倉へかけて、仏教界には立派な人物があり、仏門には優れた指導者があります。けれどもまだこのことについて朝廷や幕府に勘文を奏進した人はおりません。それなのに貴僧は身分が低いにも関わらず、軽々しく人を惑わせるような言葉を言っています。その行為の意味はよく分かりますが、道理に外れた行為というべきです。

第六答　奏上の可を答える

第一章　上奏の必須を説く　71頁

主人は答えて言います。私は確かに賤しい身分で度量の小さい者ではありますが、ありがたいことには、大乗の教えを学んでおります。例えば、蒼蠅も駿馬の尾に止まることによって万里の遠くに行くことができ、緑の蔦も松の大木に絡むことで千尋の高さにまで延びることができます。そのように私は仏弟子として、釈尊の子としてこの世に生まれ、諸経の王である『法華経』にお仕えしております。ですから、正しい仏法が衰えているのを見て、悲しまないではいられません。

また仏は『涅槃経』寿命品に、

「たとえ立派な僧であっても、正法を破る者を見て、これを放置し、責めず、追い出そうともせず、その罪を正そうともしないならば、この人は正に仏法の中の怨敵であると知るべきです。これに対し、もし謗法の者を僧院から追放し、厳しく責め、その罪を指摘するならば、これこそ真の仏弟子であり、真の仏法継承者です」と誡められております。私は決して立派な僧ではありませんが、「仏法の中の怨である」という仏のお叱りを受けないために、ただその大要をとって、一端を述べているに過ぎないのです。

第二章　上奏の前例を示す　72頁

その上、去る元仁年間（一二二四―一二二五）には延暦寺と興福寺から、たびたび念仏停止の奏状が上呈されたので、嘉禄三年（一二二七）には朝廷からの勅宣、幕府からの御教書が下りました。そして、『選択集』の板木を比叡山の大講堂に取り集め、三世の諸仏の御恩に報いるためにと、これを焼却させ、さらに法然上人の墓を祇園感神院に仕える犬神人に命じて壊させたのです。また法然上人の弟子である隆観・聖光・成覚・薩生の上人たちは遠国に流されて、その後まだ朝廷からの許しが出ていません。このような前例からしても、朝廷や幕府に勘文を奏進した者がいないといえるでしょうか。

第七問　国難の対治を問う　76頁

客は主人の言葉を聞き、さらに態度を和らげて次のように言います。私には法然上人が経典を軽んじたり、僧を謗ったりしているかどうかは、断定できません。しかし、大乗経典六百三十七部・二千八百八十三巻、さらにすべての仏や菩薩や神々に対して「捨・閉・閣・抛」の四字を当てはめました。その言葉は論ずるまでもなく、その文は明白です。しかし、四字だけのわずかな瑕を取り上げて、法然上人を謗法の者だと謗るのはいかがかと思われます。貴僧が迷って述べられているのか、覚って語られているのか。私には貴僧と法然上人の賢愚の区別も、正誤の判断もできません。ただし、災難の起こる原因が『選択集』にあるということは、先ほどからの文証を挙げてのお話でよく分かりました。世の中が平和で、国土が安穏であるということは、国王から下臣、民衆に至るすべての人々の願いです。国は仏法によって繁栄し、仏法は人によって貴ばれるものです。もし国が滅び、人が滅亡したならば、一体誰が仏を崇めるでしょうか。その教えを誰が信じるでしょうか。ですから、まず国家の安穏を祈って、その後に仏法の流布を図るべきだと思います。もし災難を除く方法があるならば、どうかお聞かせください。

第七答　国難の対治を答える

第一章　対治の要法を示す　77頁

主人は答えて言います。私は頑迷で賢人ではありません。ただ経文を基として少しばかり考えていることを述べてみたいと思います。災難を払い除く方法は、仏教にも仏教以外の教えにも色々とあります。具体的に列挙することは困難です。ただし、仏教について、愚案を重ねてみますと、正法を謗る人を禁じて、正法を信ずる人を重んずるならば、国中は安穏で天下は泰平になるでしょう。

第二章　対治の経証を引く

第一節　謗人禁断の経証

第一　謗法の人の施を禁ずべしとの経証　77頁

対治の方法については、『涅槃経』大衆所問品に次のように説かれています。「仏が純陀の問いに答えて言われるには、ただ一人を除いて、人に施すということは良き善根を積むことで、誉め讃えるべきことです。そこで純陀は質問します。いかなる人を指して、ただ一人を除くというのでしょうか。仏は答えました。それはこの経の中に説くところの破戒の者です。純陀はさらに申し上げます。私にはよく理解できません。どういうことかもう少し詳しくお説き下さい。そこで仏は純陀に語りました。破戒というのは一闡提のことです。この一闡提を除くすべての者に施すことは善根を積むことで、誉め讃えるべきことです。それによって大果報を得ることでしょう。純陀は再び、一闡提とはどういうことですかと質問しました。仏は告げました。純陀よ、出家の男性・女性、あるいは在家の男性・女性があって、口汚く正法を謗ったとしましょう。この大罪を犯しながら、少しも悔い改めず、罪への反省もない。これらの人を、一闡提の道に向かう者というのです。もしも「殺生、盗み、不義の交わり、妄語」の四つの重罪を犯し、「父母を殺し、僧を殺し、仏を傷つけ、僧団を破壊する」五逆罪を犯して、このような重罪を犯したと知りながら、その罪を怖れる心もなく、懺悔の心もなく、自ら罪を告白しようともしません。さらに、正法を護り大切にする心もなく、これを弘めようとする志もなく、かえってその教えを謗り破り、軽蔑したりして、言葉の過ちを多く犯します。これを一闡提の道に生きる人というのです。この一闡提の人々を除いて、その他のすべての人に施すことは善いことであり、誉め讃えられるべきことなのです」と。

第二　謗法の人の命を絶つべしとの経証

第一文　78頁

また『涅槃経』聖行品には次のように説かれています。

「私がはるか昔を思い起こすと、この人間の世界に生まれて大国の王となり、その名を仙予といいました。その時に大乗経典を大切に思い、敬い尊重し、心は素直で、妬みや惜しみ、怨みといった心はありませんでした。大乗経典を大切に思っていたその時、異端の教えを説く婆羅門が大乗の教えを謗るのを聞き、聞き終わって直ちにその者の生命を断ってしまいました。しかし私が地獄に堕ちることはなかったのです」と。

第二文　79頁

また『涅槃経』梵行品には次のように説かれています。

「仏が昔、国王となって菩薩の修行をしていた時、仏法を破る多くの婆羅門の命を断ちました」と。

第三文　79頁

同じく『涅槃経』梵行品に次のように説かれています。

「殺生には上中下の三種類あります。下の殺生とは、蟻のような小さなものを始め、あらゆる畜生を殺すことです。ただし、菩薩が畜生を救うために畜生に身を変えている場合は除かれます。下殺は地獄・餓鬼・畜生の三悪道に堕ちて下の殺生の苦の報いを受けます。畜生にもわずかながらでも仏性があるのですから、殺生する人は必ず報いを受けるのです。中の殺生とは、凡夫から、再び欲界に還ってこないという悟りの境地に達した聖者を殺すことです。これを中の殺生といいます。その悪業の結果、地獄・餓鬼・畜生の三悪道に堕ちて中の殺生の苦の報いを受けます。上の殺生というのは、父母や声聞や縁覚や菩薩を殺すことです。この報いは最も重く、無間地獄に堕ちます。もし一闡提を殺すことがあっても、三種の殺生の中には入りません。異端の教えを説く婆羅門たちは、正法を謗る一闡提ですから、彼らを殺しても罪にはならないのです」と〈以上、経文〉。

第三　国王付嘱の経証　80頁

また『仁王経』受持品には次のように説かれています。

「仏が波斯匿王に告げられるには、仏は仏法を護り伝え弘めることをすべての国王に委嘱することはあっても、僧と尼たちには委嘱しないのです。なぜなら僧尼たちには、国王のように民衆に対する力がないからです」と〈以上、経文〉

また『涅槃経』寿命品には次のように説かれています。

「今、最高の正法をすべての国王や大臣や役人、さらには出家在家の男女の四部の衆に委嘱します。正法を謗る者があれば、大臣を始め四部の衆が力を合わせて、その悪行を充分に対治しなければなりません」と。

第四　刀杖を執持すべしとの経証　81頁

さらに『涅槃経』金剛身品には次のように説かれています。

「仏は言いました。迦葉よ、私は過去世に身命をかけて正法を護り持つ修行をすることによって、金剛の仏身を成就することができました。正法を護る者は、五戒を守らずとも、威儀を整えずとも、まずは正法護持のために刀や弓や鉾を手に取るべきなのです」と。

また金剛身品の別の箇所では次のようにも説かれています。

「もし五戒を持つ人がいたとしても、それを称して大乗の人とは言えないのです。五戒を守らなくとも、正法を護るならば、大乗を持つ人といえるのです。正法を護る人は、刀や武器を手に持たねばなりません。刀や杖を持つといっても、私はそれを名付けて戒を持つことと言いましょう」と。

また金剛身品には次のようにも説かれています。

「迦葉よ、過去の世に、拘尸那城に仏がご出現になられたことがありました。歓喜増益如来というお名前でした。この仏が入滅されたのち、正法が世に流布して無量億年という時間が経過しました。まさに正法が滅びようとしていた時に、戒律を堅く持つ一人の僧がありました。名を覚徳といいます。その時、多くの破戒の僧たちもいました。覚徳が正法を説くのを聞いて、破戒の僧たちは憎しみや悪の心を起こし、刀や杖をもって覚徳を迫害したのです。この時の国王は名を有徳といいました。国王はこの迫害について聞き及び、正法を護るために覚徳の所に駆け付け、破戒の悪僧たちと戦いました。そのおかげで覚徳は迫害を免れることができたのです。しかし王は、この戦いで刀剣や弓矢やほこによる傷を受け、全身に傷を受けないところは、けし粒ほどもありませんでした。その時、覚徳はこれを見て王を誉め讃えて言いました。王よ、あなたは真に正法を護る人です。未来の世には必ず無量の力を具えた説法者となることでしょう、と。王はこれを聞き終わると非常に喜びました。やがて命が終わると阿閦仏の国に生まれ、しかもその仏の第一の弟子となったのです。また王の家来や人民や一族の中で、王とともに戦った者、またこれを見て喜んだ者たちはすべて、真の道を求める心を起こして退転することなく、命終わって後、みな阿閦仏の国に生まれました。覚徳も命終わって後、また同じく阿閦仏の国に生まれ、この仏の第二の弟子となりました。もし正法が滅びようとする時には、このようにして正法を受持し護らなければなりません。迦葉よ、その時の有徳王とはすなわち私（釈尊）のことです。覚徳比丘とは迦葉仏のことです。迦葉よ、正法を護る者はこのような無量の果報が得られるのです。この過去の因縁によって私は今、種々のすぐれた姿を得、それによって自らを厳かに飾り、決して破壊されることのない法の身を成就することができたのです。仏は迦葉菩薩に告げられました。そのため、正法を護る在家信者は、まさに刀や杖などの武器を持ってもよいのです。善き弟子よ、私が入滅して後の濁悪の世には、国土は乱れて互いに侵略し合い、人々は飢えに苦しむでしょう。そのような時に、食を得たいがために出家して僧となる人が多くいるでしょう。このような人を禿人、頭を剃っただけで心は俗のままである人というのです。この禿人は、正法を護る者を見ては追放し、または殺害したり、迫害したりするでしょう。だから私は戒律を持つ出家僧が、刀や杖を手にした在家の者と仲間になることを許すのです。刀や杖を手にしたとしても、私はこれらの人々を、正法護持に基づくことから持戒と名付けましょう。ただし、刀や杖を持っていても、妄りに人の命を断ってはなりません」と。

第二節　謗法重罪の経証　85頁

『法華経』譬喩品には、次のように説かれています。

「もし人があって、この『法華経』を信じず、しかも毀り破るならば、すべての世間の人々の仏になる種を滅ぼすことになります。また、その人は命終わって後に、無間地獄に堕ちるでしょう」と〈以上、経文〉

第三章　対治の経意を釈す　85頁

以上のような経文によって、謗法を禁止して災難を対治することは明らかです。どうして私の言葉を付け加える必要がありましょうか。およそ『法華経』に説かれる通りならば、大乗経典を謗る者は、量り知れない五逆罪を犯すよりも罪が重いのです。ですから無間地獄に堕ちて、永久に抜け出すことはできないでしょう。また『涅槃経』に説かれる通りならば、たとえ五逆罪を犯した者に供養することは許しても、正法を謗る者に布施することは許されないのです。蟻を殺しただけでも必ず三悪道に堕ちるのです。それなのに、謗法の者を殺せば必ず不退転の菩薩の位に達し、仏になれるというのです。経文に説かれている昔の覚徳比丘は、今は迦葉菩薩であり、有徳王は今の釈尊です。『法華経』・『涅槃経』に説かれる教えは、釈尊一代五時の仏教の中で最も肝要な教えであります。その禁は実に重大です。これに帰依・讃仰しない者がありましょうか。

第四章　謗法の実例を顕す　86頁

ところが謗法の人々は、正法を伝える人を顧みず、その上法然上人の『選択集』にだまされて、智慧の目を閉ざされてしまったのです。法然上人を偲んで木像や絵画に表したり、『選択集』の説を信じて、人々を惑わす言葉を板木に彫り、印刷して天下に弘め、日本の隅々の人にまで伝えて大切にしています。信仰するところはすなわち浄土念仏の家風だけであり、供養するところは法然上人の流れをくむ者だけです。

それのみならず、釈尊の像の手の指を切り取って阿弥陀の印相に改めたり、薬師如来のお堂を改めて阿弥陀如来を安置したり、慈覚大師以来四百余年続いてきた『法華経』書写の修行を止めて浄土三部経を書写したり、天台大師報恩の講会を止めて善導和尚の講としてしまいました。このような人々は数えきれません。これこそまさしく仏を破ることであり、法を破ることであり、僧を破ることではないでしょうか。これらの間違った考え方は『選択集』によるものです。ああ、実に悲しいことです、仏の真実の誡めの言葉に背くことは。実に哀れなことです、法然上人のような僧たちの、人の心を迷わせる説に従っていることは。

第五章　謗法の禁断を勧める　87頁

一日も早く天下を穏やかにしたいと思うならば、何よりもまず国中の謗法を禁じて、正しい仏法を立てるべきです。

第八問　謗法の禁断を疑う

第一章　殺害の非を難ず　87頁

客は言います。もし謗法の人を断罪し、もし仏の誡めに背いている人を絶やそうとするならば、『涅槃経』に説かれている通りに首を切らなければならないのでしょうか。もしそうならば殺害によって、罪業を重ねるばかりになってしまいます。

第二章　殺害の非を証す　87頁

すなわち『大集経』の法滅尽品には、次のように説かれています。

「頭を剃って袈裟を着けていれば、戒律を持っている弟子、破っている弟子であっても、諸天と人間は供養しなければなりません。彼に供養するということは私（釈尊）を供養することになるのです。なぜならば彼は私の子であるからです。もし彼を打つならば、それは私の子を打つことになるのです。もし彼を罵り辱しめることは、それは私を辱しめることになるのです」と。

これらの経文からわかることは、善悪を論ずることなく、僧であればすべてに供養を捧げるべきなのです。どうして仏弟子を打ち辱しめて、その父である仏を悲しませてよいものでしょうか。

第三章　殺害の非を例す　87頁

昔、竹杖外道が目連尊者を打ち殺したために無間地獄の底に沈みました。また提婆たち多が蓮華比丘尼を殴り殺して、久しく無間地獄の焔に焼かれました。先例、証拠は明らかです。後世の私たちが最も恐れなければならないことです。

第四章　殺害の非を結す　88頁

『涅槃経』は謗法を誡めるように思えますが、『大集経』の誡めを破るものです。ですから謗法者の命を奪うということはとても信じ難いことです。これをどのように心得たらよいでしょうか。

第八答　謗法の禁断を決す

第一章　客の疑惑を呵す　88頁

主人は答えて言います。あなたははっきりと謗法を禁ずる『涅槃経』の文を見ながら、なおそのような言葉を述べるのですか。私の心は、あなたに十分に届かないのでしょうか。それとも道理が通じないのでしょうか。

第二章　客の経証を釈す　88頁

この経文の意味は、全く仏弟子を誡めよということではありません。謗法の行為を非難しているだけなのです。

第三章　客の疑問に答える　88頁

そもそも謗法を禁断する方法として、釈尊が昔の事蹟を語る時は、仙予王や有徳王として謗法者の命を断つというようなことでしたが、釈尊在世以降は、謗法者に対して布施をしてはならないということです。そうですから、すぐに日本中のすべての比丘・比丘尼・信男・信女の四衆が謗法の悪に対する布施を止め、正法に帰依したならば、どのような難が起こり、どのような災いが襲ってくることがありましょうか。

第九問　謗法の対治を領解する

第一章　領解を述べる　92頁

客は席を下がり、襟を正して次のように言います。仏の教えは機根に応じて説かれたので細かく分かれていて、その真意を究めることは困難で、疑問も多く、道理に適っているかどうかも明らかでありません。しかし、法然上人の『選択集』は現に今ここにありますが、その中で一切の仏も経も菩薩も神々も、捨てよ、閉じよ、閣け、抛ての四字に当てはめていることは明らかです。この誤った教えによって、聖人はこの国を去り、国を護る善神も国を捨ててしまい、その結果、世の中は飢饉と疫病に苦しんでいるのです。今、主人であるあなたが広く経文を引用して、道理を示されました。そのことによって私の迷いは晴れ、疑問も明らかとなりました。

第二章　随順を誓う　92頁

結局のところ、国土が泰平であり、天下が安穏であることは、上は天皇から下は万民に至るまで、すべての人々の望むところであり願い求めるところです。一刻も早く一闡提謗法の人々に対する布施を止め、正しい僧尼に供養を捧げて、仏法の海の中の盗賊を対治し、仏法の林の中の盗賊を対治するならば、この世はきっと中国古代の伏羲・神農の治めたような清らかな世界となり、唐堯・虞舜の時代のような平和な国土が実現するでしょう。その後に、仏法の浅深勝劣をよく考えて、仏門の指導者を崇めましょう。

第九答　謗法の対治を勧める

第一章　帰伏を歎ず　92頁

主人は喜んで言います。鳩が鷹となり、雀が蛤となるという中国の故事があります。有徳の人が住む香り高い室に入って、友として交わり身体が芳しくなるように、また麻の群生する中に生える蓬が、真っ直ぐに育つように、あなたが速やかに心を翻されたことは、誠に喜ばしいことであります。あなたが本当に国の難を心配し、私の言葉を信じて災難に対処するならば、世の中は風が和らぎ、波が静かになって、日ならずして豊年となるでしょう。

第二章　対治を促す

第一節　催促の提言　93頁

しかし、人の心は時節によって変わりゆき、また物の性質は環境によって変化してゆくものです。たとえば、水に映った月が波によって動くのを見て、戦場で敵陣を前にした兵士が、恐れて退散するようなものです。あなたは今この場では私の言葉を信じているようですが、後になると忘れてしまうでしょう。もし何よりも先に国土の安泰を願い、現世と未来世の安穏を祈ろうと思うならば、速やかに心を改めて、急いで謗法の者を対治しなければなりません。

第二節　催促の理由

第一　未萌の戦禍を避けるため　93頁

なぜならば『薬師経』に説かれる七難のうち、五つの難はすでに起こって二つの難がなお残っているからです。それは外国から侵略されるという難と国内の戦乱という難です。

また『大集経』に説く三つの災いのうち二つの災いはすでに顕われましたが、一つがまだ起こっていません。いわゆる、戦乱の災いです。『金光明経』に説かれる様々な災禍は一つ一つ細かに起こりましたが、外国の賊が侵略するという災難だけはまだ現れていません。『仁王経』の七難のうち六難は今盛んに起こっていますが、一難だけはまだ起こっていません。いわゆる、四方の賊が攻めてきてこの国を侵すという難です。その上、前に引用した『仁王経』には、「国が乱れる時はまず悪魔が力を得て混乱を引き起こす。悪魔が乱れるから万民が混乱し、悩まされる」とありました。

この経文に照らし合わせて現在の日本の状況をよく考えてみますと、多くの悪鬼が力を奮い、そのために多くの人々が倒れ死にました。このように経典に説かれた、様々な難がすでに起こったことは明らかですから、残りの災難をどうして疑うことができましょうか。もし残りの災いである国内外の戦乱の二難が、『選択集』の謗法の罪によって続けて起こってくるようなことがあったならば、その時はどうされますか。帝王は国家を基として天下を治め、人民は田畑を耕して世の中を保っています。なのに外国から賊が襲って来て、その国を侵略し、また国内の戦乱によって土地を奪われたならば、どうして驚かずにいられましょうか。どうして騒がずにいられましょうか。もし人々が国を失い、家を滅ぼされたら、一体どこの世界に逃れればよいのでしょうか。あなたが、身の安堵を願うならば、まず世界全体が穏やかになることを、祈るべきなのではありませんか。

第二　未来の堕獄を避けるため

一　謗法堕獄を示す　95頁

特に、人がこの世に生を受ければ、誰でも死後のことを恐れるものです。そのために、あるいは誤って邪教を信じたり、あるいは謗法の教えを貴びます。仏法の邪正に迷うことは悪いことですが、仏法に帰依しようとする心は誠に尊いことです。どうして同じ信心の力を依り所にしていながら、妄りに誤った教えの言葉を信じるのでしょうか。もし邪教に囚われる心を改めず、間違った考えがいつまでも残っているならば、早くこの世を去り、死んでのちは必ず無間地獄に堕ちるでしょう。

二　謗法堕獄を証す

第一証　大集経　95頁

なぜならば『大集経』護法品には次のように説かれているからです。「もし国王があって、過去世からの永い間布施をなし、戒律を持ち、智慧を修行しても、仏法の滅びようとするのを見ても、これを護ろうとしないならば、永い間に植えてきた善根もすべて消え失せてしまうでしょう。（中略）その王は間もなく重い病気にかかり、死んでのちには大地獄に堕ちるでしょう。王ばかりでなく、夫人も太子も、大臣や諸国の城主や国を支える郡主始め百官も、それと同じようになるでしょう」と。

第二証　仁王経　96頁

『仁王経』嘱累品にも次のように説かれています。

「仏教を破る人には、親孝行の子は生まれず、親子・兄弟・夫婦や、親類と仲違いして、天の神々も助けてくれません。さらに病魔・悪鬼が日々襲ってきて、生涯どこへ行っても災難がついて回り、次々と災いが起こり、死んでからは地獄・餓鬼・畜生に堕ちるでしょう。もし人間としてこの世に生まれても、兵士や奴隷となって苦しみを受けるでしょう。響きのように、影のように、夜、灯の光で字を書いても、灯の消えた後も字は残るようなものです。三界（欲界・色界・無色界）の現世での業と果報もこのようなもので、悪業には必ず報いがあります」と。

第三証　法華経　96頁

『法華経』第二巻の譬喩品には、次のように説かれています。

「もし人がこの経を信じないで毀るならば（中略）その人はこの世の命が終わって無間地獄に堕ちるでしょう」と。

第四証　法華経　96頁

また同じく『法華経』第七巻の常不軽菩薩品には、次のように説かれています。

「（法華経の行者を迫害した者はその罪によって）千劫もの永い間、無間地獄にあって大いなる苦しみを受けます」と。

第五証　涅槃経　97頁

『涅槃経』の迦葉菩薩品には次のように説かれています。

「善き師から離れて正法を聞かず、悪法に執着するならば、その罪の報いによって無間地獄の底に沈み、八万四千由旬という広大な身体いっぱいに、永久的に苦しみを受けるでしょう」と。

三　謗法堕獄を誡める　97頁

このように多くの経文を開いてみますと、ひとえに謗法の罪が重いとされています。悲しいことに、日本国の人々が皆、正法の家を捨てて謗法の獄に入っています。また愚かなことに、日本国中の人々が悪い教えの綱に束縛され、謗法の網に絡まって脱け出せずにいます。このように、間違った信仰という暗い霧に立ち込められて道理に迷い、それによって無間地獄の焔の底に沈むことになるのです。どうしてこれを心配せずにいられましょうか。苦しまずにいられましょうか。

第三章　正法の信仰を勧める　97頁

あなたは一刻も早く間違った信仰を捨てて、直ちに唯一真実の教えである『法華経』に帰依しなさい。そうすれば、この世界はそのまま仏の国となります。仏の国がどうして衰えることがありましょうか。十方の世界はそのまますべて浄土となります。浄土がどうして破壊されることがありましょうか。国が衰えることなく、世界が破壊されなければ、我が身は安全であり、心は平穏でありましょう。この教説、この言葉を信じ、そして崇めなければなりません。

第十問　謗法の対治を領解する　98頁

客は言います。今生の安穏、後生の成仏を願って、慎まない者、恐れない者がありましょうか。今ここに示された経文によって、具体的に仏のお言葉を承りますと、仏を謗る罪がいかに重く、教えを謗った罪がいかに深いかを知りました。私が弥陀一仏を信じて諸仏を抛ち、浄土三部経だけを仰いで諸経を捨てたのは、私一個人の考えではなく、すなわち浄土宗の先師の言葉に随ったからです。おそらく世の中のすべての人々もそうでしょう。現世では無駄に心を痛め、来世には無間地獄に堕ちることは、経文に明らかであり、その道理が十分に示されています。そのため疑うことは出来ません。

その上、貴僧の慈悲ある諭しを仰いで、私の愚かな迷いの心が悟りへと開かれました。そこで、速やかに謗法の者を根絶し、一日も早くこの世の平和を招き、まずは今生を安穏にし、そして来世の堕地獄を逃れたいものです。ただ私一人が信ずるだけでなく、他の人々の誤りを正すことに努めたいと思います。

おわりに

平成十五年に関戸堯海先生より『五大部ノート』発刊のご提案をいただいて、はや七年の月日が経とうとしております。この間に、『撰時抄ノート』、『報恩抄ノート』とそして、今回ようやく三冊目の『立正安国論ノート』を発刊することができました。

日蓮聖人が鎌倉幕府に『立正安国論』を奏進されて七百五十年目にあたる平成二十一年発刊を目標として、『立正安国論ノート』の編集作業を開始しました。が、気付いてみればもう年が変わっておりました。『撰時抄ノート』や『報恩抄ノート』で蓄積したデータを活かし、スムーズに編集作業は進んでいくものと考えておりましたが、語句の意味や意訳を見直せば見直すほどもっと適切な説明、詳しい説明を求め、どんどん時間が流れていきました。また年々青年会員が減少し、他の行事に追われ編集が進まないことも何度もありました。そのようななかで、ようやく発刊できたこの本は、十分な余白と多くの語句解説により、タイトル通り「ノート」の性格を持たすことができたと思っております。

編集作業を通して、日蓮聖人が一生涯懸けて訴え続けてこられた『立正安国論』、この国の未来を憂い、正しき道を示された日蓮聖人の篤い想いに、より深く触れることができました。時には編集を忘れて、日本の現況に照らして、皆で議論することもありました。我々にとってこの編集作業が何よりの勉強になったと思っております。皆様も、この本を通して日蓮聖人の想いをゆっくりとかみしめていただいた後には、他の多くの人たちと「今我々がしなければならないことは何なのか」と議論し考えていただければ幸甚至極でございます。

『立正安国論ノート』は、監修並びに解題を執筆いただいた渡辺宝陽先生、『五大部ノート』のすべての監修に携わってくださっている関戸堯海先生、また東方出版社長の今東成人氏、編集に際し様々な助言をいただいた吉川陽久上人の御厚恩、御協力により発刊することができました。この場をお借りして厚く御礼申し上げます。

平成二十二年三月吉日

京都日蓮宗青年会　会員一同　合掌

参考文献

立正大学日蓮教学研究所編　『昭和定本日蓮聖人遺文』　身延山久遠寺
三木随法編　『平成訓読　法華三部経』　東方出版
三木随法編　『真訓対照　法華三部経』　東方出版
中村元・早島鏡正・紀野一義訳註　『浄土三部経』（上・下）　岩波文庫
渡辺宝陽・小松邦彰編　『日蓮聖人全集』第三巻　春秋社
守屋貫教著　『日蓮聖人御遺文講義』第一巻　龍吟社
小林一郎著『日蓮上人遺文大講座』第一巻　平凡社
渡辺宝陽監修　北川前肇・原愼定編著　『日蓮聖人御遺文　立正安国論　傍訳』　四季社
日蓮宗事典刊行委員会編　『日蓮宗事典』　日蓮宗宗務院
立正大学日蓮教学研究所編　『日蓮聖人遺文辞典』歴史篇　身延山久遠寺
立正大学日蓮教学研究所編　『日蓮聖人遺文辞典』教学篇　身延山久遠寺
宮崎英修編　『日蓮辞典』　東京堂出版
藤井正雄・金子寛哉・鷲見定信・武田道生編　『法然辞典』　東京堂出版
石上善應編著　『浄土宗小辞典』　法藏館
中村元著　『佛教語大辞典』縮刷版　東京書籍
中村元・福永光司・田村芳朗・今野達編　『岩波仏教辞典』　岩波書店
伊豆宥法　『新纂佛教図鑑　完』　佛教珍籍刊行会・佛教図書刊行会
少年社　『日蓮の本』『浄土の本』　学習研究社
伊藤唯真監修・山本博子著　『図解雑学　法然』　ナツメ社
渡辺宝陽・小松邦彰著　『日本の仏典9　日蓮』　筑摩書房
北川前肇著　『立正安国論講話　解説書』　法経教育開発
河村孝照著　『傍註　立正安国論通解』　山喜房佛書林
関戸堯海著　『立正安国論入門』　山喜房佛書林

監修者紹介

渡辺宝陽（わたなべほうよう）

昭和8年（1933）東京に生まれる。立正大学仏教学部宗学科卒業、同大学院修士課程修了、博士課程単位取得。元立正大学学長。立正大学名誉教授。文学博士。主な著書に『法華仏教の仏陀論と衆生論』（平楽寺書店）、『法華経を生きる』（講談社）、『お経―日蓮宗』（講談社）、『日蓮宗信行論の研究』（平楽寺書店）、『日蓮のいいたかったこと』（講談社）、『目で見る祖師伝―日蓮聖人』（講談社）、『法華経・久遠の救い』（NHK出版）、『ブッダ永遠のいのちを説く』（NHK出版）、『日蓮仏教論』（春秋社）など多数。

関戸堯海（せきどぎょうかい）

昭和33年（1958）東京都大田区に生まれる。立正大学仏教学部宗学科卒業、同大学院修士課程修了、博士課程単位取得。立正大学仏教学部専任講師をへて、身延山大学仏教学部助教授、日蓮宗宗務院教学課長を歴任。文学博士。著書に『日蓮聖人遺文涅槃経引用集』（山喜房佛書林）『日蓮聖人教学の基礎的研究』（山喜房佛書林）『立正安国論入門』（山喜房佛書林）『日蓮聖人全集』第二巻共著（春秋社）『日蓮聖人注法華経の研究』（山喜房佛書林）『撰時抄ノート』『報恩抄ノート』監修（東方出版）『日蓮聖人のふしぎな伝説と史実』（山喜房佛書林）等。

京都日蓮宗青年会
編集に携わった会員リスト

（年令順）

児玉真人（本昌寺）
鳥居恵祥（本福寺）
小田和幸（本瑞寺）
三木大雲（蓮久寺）
角道泰昭（本立院）
福澤正俊（十如寺内）
國本智真（妙法寺）
鶏内泰寛（法性寺内）
上田尚史（護国寺内）
川口智徳（瑞光寺内）
藤井淳至（本瑞寺）
日暮有宏（墨染寺内）
上田尚玄（妙円寺内）
濱本尚大（立本寺内）
植田観龍（実成院内）
今井利幸（大立寺）
大西法樹（松林院内）

立正安国論ノート編集事務局
〒607-8008 京都市山科区安朱東海道町五十六 大立寺 今井利幸宛
TEL〇七五-五八一-〇〇五六

立正安国論奏進七百五十年記念出版

立正安国論ノート

発行日 平成二十二年六月二十四日第一刷発行

監修者 渡辺宝陽
関戸堯海
編著者 京都日蓮宗青年会
発行者 今東成人
発行所 東方出版㈱
〒五四三-〇〇六二
大阪市天王寺区逢阪二-三-二
Tel 〇六-六七七九-九五七一
Fax 〇六-六七七九-九五七三

取材協力 大本山法華経寺
大本山妙蓮寺
本山本法寺
本山立本寺
日蓮宗新聞社

イラスト 藤井淳至
印刷製本 亜細亜印刷㈱

ISBN978-4-86249-161-9